JN163902

辻・本郷審理室
ダイレクトアシスト
平成30年度
税制改正
要点解説

辻・本郷 税理士法人 審理室 ／ 編著

TOHOSHOBO

はじめに

税制改正は毎年毎年行われています。どうして毎年税制改正が行われるのか、というような疑問を持つ方がたくさんいます。

毎年税制改正が行われる理由について考えてみましょう。税制改正とは、そもそも政治がその政策を実行するために行われるものであるという理由が第一番に上げられます。政策の実行を確実に担保するものとして税制が用いられるといえます。したがって、毎年毎年新たな政策が打ち出されるために、それに伴ってその政策の実効性を担保するための税制改正が行われるということです。

高齢化、国際化、価値観の多様化など社会の変化に対応した政策が求められ、その政策実行にふさわしい税制に改正されることにより、経済・社会の構造変化に合わせた税体系が構築されてきたのです。

平成30年4月

辻・本郷 税理士法人　審理室長・税理士　　八重樫 巧

目次

―――資料編―――

《平成30年度税制改正のポイント》

第1章

平成30年度の税制改正の動向

・近年の税制改正の背景

・生産性革命について

・人づくり革命について

・経済活動の国際化への対応

・適正、円滑な納税のための環境整備

・まとめ

辻・本郷 税理士法人　審理室長・税理士　八重樫 巧

第１章　平成30年度の税制改正の動向

●近年の税制改正の背景

図１）近年の税制改正の背景

・安倍政権の過去５年間の取り組み
　→デフレ脱却、経済再生

・安倍政権のこれからの政策課題と取り組み
　→少子高齢化の克服

生産性革命	人づくり革命

これらの取り組みを確実に実行するため税制改正が行われる！

過去5年間、安倍内閣はデフレ脱却と経済再生に取り組んできました。この取り組みは今後の成長軌道をますます確かなものにしようという政策です。税制改正は、それを実行するためのものです。

この政策の最大の課題は少子高齢化の克服です。そして少子高齢化の克服に向けて生産性革命と人づくり革命を提唱しています。この政策課題を実行に移すためには、どのような税制を策定すればよいのかということで決められたものが今回の平成30年度の税制改正です。

生産性革命とはどういうものなのか。これは生産性を押し上げて4年連続の賃上げを確実なものにする、デフレの脱却を目指すということです。

人づくり革命は、高等教育の無償化などいろんなかたちで勉強してもらい、個人の能力を高めることです。人生100年ということもあります。いわゆる今の経済や社会のシステム、例えば学校を卒業して、会社に入って、結婚して、標準的な家庭を持って、そして、大体70歳から80歳ぐらいで亡くなっていくというパターンから、人生100年ということになると、そういったような今の生き方というものが変わらざるを得ません。それを踏まえまして、一億総活躍社会ということを目指して提唱しています。

●生産性革命について

図2）生産性革命について

生産性革命とは

→ **2017年9月安倍政権新3本の矢「名目GDP600兆円」「出生率1.8%」「介護離職ゼロ」の内「名目GDP600兆円」の実現のため、次の３本の柱のことを示す。**

(1) 賃上げ・生産性向上のための税制上の措置。
　①所得拡大税制の改組
　②情報連携投資等の促進

(2) 地域の中小企業の設備投資を促進するための税制上の措置。

(3) 事業承継税制を10年間の期間を区切り抜本的に拡充する。

生産性革命について、税制上の手当てとしては、具体的には、どのようなものが行われているのか。そして、そもそも生産性革命とはいったい何なのか。

2017年に、安倍内閣が新3本の矢というものを打ち出しました。3本の矢は、①名目GDP600兆円の達成、②出生率1.8%、③介護離職ゼロです。このうちの①名目GDP600兆円の達成のために、生産性革命が必要であるということです。

生産性革命をさらに具体的にみると、政府は2018年から2020年までの3年間を生産性革命集中投資期間というふうに位置付けています。設備投資や人材投資をこの間に一生懸命やり、企業が企業の収益を設備投資や人材投資に振り向けることで、持続的な賃上げを可能にするように求めています。

今、企業は収益を内部留保というかたちで貯めこんでいます。貯めこんでいるという言い方はおかしいかもしれませんが、内部留保を充実させています。この内部留保があまりにも過大ではないか、内部留保に課税しよう、というような話もありましたが、それはやはり無理だということになり、その内部留保を投資のための資金や人材確保のための資金に向けて使ってくださいということになりました。

そのため、具体的には、①賃上げや生産性向上のための税制上の措置を講ずる。これがまず第一番目です。第二番目として②地域の中小企業の設備投資を促進するための税制上の措置を講ずるというものがあります。第三番目として、③事業承継税制を10年間の期間を区切り抜本的に拡充するということ、以上の3つが挙げられています。

さらに具体的にみていくと、第一番目の①賃上げや生産性向上のための税制上の措置としては所得拡大税制の改組です。これは後述の法人課税・資産課税のそれぞれの章をご覧いただくとして、ここでは具体的なご説明は省略します。

さらに、所得拡大税制の改組ということに加えて、情報連携投資等の促進があります。これはソフトウェアの取得と減価償却、税額控除に関することです。一定の場合においては、ソフトウェアを購入した場合に特別償却、あるいは税控除を認めるという税制です。

二番目は、②地域の中小企業の設備投資を促進するための税制上の措置です。

これは生産性向上の実現のための臨時措置法が別途制定されるので、それによって市町村が主体的に作成した計画に基づいて行われる中小企業の一定の設備投資について、固定資産税を2分の1からゼロまで軽減する措置を3年間の時限措置として講ずるというものです。

これは市町村が主体的に作成します。なぜなら、国が旗を振っても市町村が動かないとどうにもならない、そのため、市町村に旗を振ってもらうということです。

三番目の③事業承継税制を10年間の期間を区切り抜本的に拡充する。これは、戦後、事業を興した経営者が高齢化してきており、その事業を継ぐ人を確保することがなかなか難しいという現状に鑑み、中小企業の円滑な世代交代、そして世代交代を通じた生産性向上こそが待ったなしで求められているという現実に対応するためのものです。従前から事業承継税制はありましたが、なかなか使い勝手がよろしくないため普及が遅れており、今後10年間の期間を区切って抜本的に事業承継税制を拡充し、使い勝手の良いものにしていくということです。

また、所得が増加しても賃上げや設備投資を行わない大企業も存在します。これは内部留保があまりにも過大になることはよろしくないということで、所得が増加しても賃上げ・設備投資を行わない大企業に対しては、研究開発税制の税額控除も認めないということです。これはやはり、安倍政権の生産性革命に対する強い決意の表れだというふうに考えています。

以上が生産性革命についての今回の税制改正の基になった政策です。

●人づくり革命について

図3）人づくり革命について

人づくり革命とは

→ **質の高い教育、高等教育の無償化等がテーマ。**
税制についても下記の状況に対応する必要がある。

①企業の人材採用が多元化
②高齢者の雇用状況が多様化
③高齢者中心から全世代型の社会保障へ

→ **個人所得税の給与所得控除、公的年金控除制度の見直し。**
→ **所得控除を基礎控除に振り替える。**

次に、人づくり革命についてです。

これは人生100年を目指して、あるいは、人生100年時代を迎えてどのように生きていくのかということです。ここでは、個々人の能力が非常に重要になります。個々人の能力をアップするための教育のやり方、教育を受けやすくするというようなことが求められています。また、それを踏まえて高等教育の無償化ということも言われています。

さらには、現状において、各企業には人材採用の多元化ということが求められています。非正規という問題もありますが、いろんなかたちで人材育成・採用をしている、今までは定期採用というかたちでやってきたわけですが、今後はなかなかそうもいかない。高齢者が増えるので、高齢者、特に働ける高齢者の雇用をどういうふうにしていくのかということが問題意識としてあります。

また、社会保障についても、今は高齢者中心になっていますが、全世代型の社会保障が必要ではなかろうかということで、これに対しても財源が必要になります。

このように、経済社会が著しく環境変化していくという中で働き方が多様化しています。働き方が多様化しているということはどういうことかというと、労働者に近い形態で働く自営業者の方、フリーランスの方、あるいはウェブ等、在宅で請負の仕事をする方、というようなかたちで多様化しているということです。

つまり、会社員ではなく、自営業者であるけれども、いわゆるサラリーマンのようなかたちで働く、通常は外注先、個人の外注先の方に対しては仕事のあるときに仕事を依頼してその対価としてお金を支払うのですが、しかし、人手不足ということもあり、仕事がないときでもその特定の方を自分の会社に留めておくために一定の報酬を保証するというようなかたちで、働いてなくてもお金払っていますよというような現状が、もうすでに東北大震災の頃から始まっています。

そういう方に対する税制というものが対応していないのではないかということです。そういったようなかたちで様々なかたちで働く人を応援する、働き方改革を後押しする税制ということで、昨年の平成29年度改正では、働く主婦の方の103万円の壁を取り払いました。

これは、103万円を越えるとご主人の扶養手当がなくなったり、税金がかかるということで主婦の方が就業調整を行っていました。就業調整を防ぐため、配偶者控除の見直し、配偶者特別控除の見直し、ということが行われたのです。

平成29年度改正を踏まえて、今度の平成30年度改正で、前述のような多様な働き方に税制が対応していないという認識がある、これは具体的にどういうことかというと、給与所得者に対する給与収入と公的年金収入に対してのみ、いわゆる所得控除、給与所得控除、公的年金所得控除が認められているということです。これは働き方でその所得計算の仕方が大きく異なるということです。給与で働いている方は給与所得控除があり、いわゆる費用が認められている。

しかし自営業者の方にはそういった所得控除というものがありません。しっかりと売り上げがあり、いろんな必要経費がかかりますので、必要経費は必要経費で算定するのは当然ですけれども、それとはまた別で給与所得者に認められているような給与所得控除がないということです。

そのいわゆる給与所得控除が認められているということと、個人の自営業者の方にそういったような所得控除が認められていないということ、ここにアンバランスがあるのではないか。したがって、個人所得税の給与所得控除、公的年金控除の制度の見直しをするというところに話が進んでいくわけです。

これはすでに平成26年度改正のときも議論がありましたが、給与所得控除の金額はその課税ベースを侵食しているのではないか。実際に給与所得者が費用としてかかる費用よりももっと過大な額を控除していると、これは控除しすぎではないかというような議論があり、それは見直すべきであるということがすでに平成26年度の税制のときに言われています。

これは、そもそもの話をすると、昭和49年に遡ります。昭和49年の田中角栄内閣の時代に、2兆円減税というものがありました。そのときに給与所得控除が76万円から220万円に大幅に引き上げられた、これがそのまま現在に至っています。それがこのままずっときている。これは他の国と比べてもあまりにも過大ではないかという問題意識を国が持っていまして、それに対して何らかの見直しをしていかなければならないということで、昨年度の税制改正、また今年度の税制改正で所得控除の見直しが行われています。しかしながら、だからといって所得控除を削減したままで終わる、ということではなく、基礎控除に振り替える、なぜなら、基礎控除であれば給与所得者の方も恩恵を受けることができます。そして、自営業者の方も恩恵を受けることができます。そのため、基礎控除の方に振り替えて拡大していくということです。これを財源として、所得再分配機能を図っていこうということではないかということです。

一定の給与水準以上の方の納税者の方は増税になります。他方、基礎控除が増える分、減税となる。また、これが子育て家庭等に対しても配慮したようなものになっています。そのため、結果だけみれば850万円越えると増税になるとかならないと言われますが、大きな流れの中でみるとこういうことになっています。

こういうことを踏まえたところで税制改正をみていかなければ、個別の税制だけをみていくと、なんでこうなったのか、ということでなかなか理解が及ばない。長い歴史的なこともあるので、そういった観点からも我々税理士としてはお客様に説明するときに必要ではなかろうかということです。これが人づくり革命です。

●経済活動の国際化への対応

図 4）経済活動の国際化への対応

国際的な脱税や租税回避に対して効果的に対応することが主軸。
BEPSプロジェクト合意事項を踏まえ、必要な制度改革を行う。
→ PE（恒久的施設）の定義、租税条約と国内法の適用関係の明確化

「経済活動が行われる場所」と「税が支払われるべき場所」を一致させるということが基本的な考え方である。

※BEPSプロジェクト：Base Erosion and Profit Shifting（税源浸食と利益移転）

生産性革命・人づくり革命に関する税制改正以外には、いわゆるグローバル経済ということがあります。経済活動の国際化に税制が対応していかなくてはならない。昨年来、パナマ文書が公開されたこともあり、いろんなタックスヘイブン絡みの税逃れというようなものが言われています。国際的な脱税とか租税回避に対して効果的に対応しなければならない、ということです。BEPSプロジェクトというものがあります。これは税源の浸食をどう防ぐかということです。これの合意事項を踏まえて必要な制度改革を行う。

具体的には、今回は恒久的施設（PE=Permanent Establishment）の定義について、租税条約と国内法とで取り扱いが若干わかりにくいため、その適用関係を明確にする。PEがあると課税されるということですので、恒久的施設であるPEがあるにもかかわらずないかのように装うというような、PE認定の回避に対応して、本来あるべきところで経済活動が行われ、所得が生じたところで課税する、というような基本的な考え方に立ち返り、見直しをかけていこうというのが、今回のPE認定の税制の問題です。

●適正、円滑な納税のための環境整備

図５）適正、円滑な納税のための環境整備

（1）税務手続きの電子化の推進

①大法人についての法人税、地方法人税、消費税の確定申告書等について電子申告e-Taxを義務化

②地方税について共通電子納税システムを整備

（2）適正納税のための環境整備

①一般社団法人、小規模宅地税制の悪用の防止

②贈与税・相続税の課税の適正化

さらには、納税の環境整備ということが言われています。これは納税手続きの電子化推進に関することです。何年も前から、国は行政の電子化を進めており、国税庁においてもe-Taxということで電子化が相当に進んでいます。なかなかe-Taxに対応しきれていない方、あるいは対応できるのに対応していないという方もいるため、今回

の改正では、電子化をさらに拡大していきます。

具体的には、大企業、大法人の法人税・地方法人税・消費税の確定申告書について、電子申告を義務化するということです。平成32年4月1日に開始する事業年度の法人税及び地方法人税の確定申告書、中間申告書及び修正申告書の提出について、e-Taxによる電子申告を適用する。電子申告をしないで紙で申告した場合は無申告とみなすというように、非常に厳しい取り扱いになっています。つまりは、ここまでしなければなかなかe-Taxが浸透しないということであり、とにかくe-Taxを確実に実行してくださいということです。

地方税についても電子申告が進められます。同じように法人住民税・法人事業税の確定申告書についても同様にeLTaxによる電子申告でやってください。電子申告でない場合、不申告とみなすということです。

申告の手続きのみならず、納税の手続きについても電子化が言われています。地方税においてなかなか電子申告が浸透しない理由としては、各市町村によって、電子申告はできるが電子納税について、ペイジーなどいろいろな手段がありますが、ネットバンキングでできないということがあり、なかなか地方税の電子申告は普及していないのではないかという声があります。これに対して、共通電子納税システムというものが導入されます。現在、社団法人で地方税電子化協議会というものがありますが、これを廃止し、新たに地方税法の中に地方税共同機構（仮称）というものを設立するということです。地方税共同機構は平成31年の4月1日、来年設立され、平成31年の10月1日から適用するということで、電子納税システムもきちんと環境を整えますということです。したがって電子納税について積極的に取り組まなければならないということです。

あとは適正納税のための環境整備ということ。これは資産税とも関係しますが、一般社団法人や一般財団法人等に財産を移転して贈与税や相続税の課税逃れをしている例があります。また、小規模宅地税制の趣旨を回避逸脱したような悪用事例が散見されるということで、そういう事例を防止するために、贈与税・相続税の課税の適正化を図るということが適正納税のための環境整備ということで言われています。

●まとめ

以上が、今回の税制改正の概要です。

繰り返しますが、税制改正は政策を実行するための担保として行われるものです。毎年毎年行われます。しかし、行われる税制改正を単年度だけで考えるのではなく、前年度の改正を踏まえた上で今年度の改正につなげる、今年度からさらにまた来年度につなげていくということで、所得税に関してはそういった流れが顕著にみられます。

また、法人税についても同様に、少子高齢化克服ということが最大の課題になっているので、そのための賃上げあるいは所得補償、社会保障ということを実現していくために引き続き行われるということです。

平成30年度の税制改正の概要については以上です。

第2章

法人課税

・法人課税の税制改正の概要

・所得拡大促進税制：①大法人の場合

・所得拡大促進税制：②中小企業者等の場合

・所得拡大促進税制：③賃上げ要件・継続雇用者の定義

・中小企業の投資を後押しする大胆な固定資産税の特例：①対比

・中小企業の投資を後押しする大胆な固定資産税の特例：②参考

・中小企業の投資を後押しする大胆な固定資産税の特例：③概要

辻·本郷 税理士法人　審理室·税理士　安積 健

第２章　法人課税

●法人課税の税制改正の概要

法人に関する改正部分について説明します。平成30年度税制改正において、そのうち法人に関する部分は結構数はあります。その中でも今回取り上げるのは主に2つになります。一つ目は大企業中小企業問わず広く影響があると思われる①所得拡大促進税制です。それからもう1つは中小企業に対して影響があると思われる②固定資産税の改正。この2つを取り上げていきたいと思います。

資料の方では､それ以外についても改正項目がいくつか挙げられています。例えば､10ページ目に情報連携投資促進税制が挙げられております。これは今回、新しくできる投資促進税制の1つなのです。それから17ページになりますと特別事業再編に関する改正措置が取り上げられております。また､19ページ以降では収益認識に関する改正項目が取り上げられております。これらの項目はどちらかというと中小企業よりは大企業の方に影響があるのかなというふうに考えております。また､15・16ページには組織再編に関する改正項目が取り上げられています。こちらは昨年の平成29年度税制改正の一部手直しというふうに考えることができるため、今回の解説からは省略していきます。

- *情報連携投資促進税制　10ページ*
- *特別事業再編に関する改正措置　17ページ*
- *収益認識に関する改正項目　19～21ページ*
- *組織再編に関する改正項目　15・16ページ*

●所得拡大促進税制：①大法人の場合

所得拡大促進税制の方からみていきます。

この税制は平成25年度の税制改正で導入され、今回で6年目を迎えます。制度導入以来、毎年改正が行われてきましたが、今回平成30年度の改正は、今までにはない抜本的な見直しというふうに捉えることができます。この税制は当期のお給料が一定割合増えていることを前提として、その増えた額に対して一定割合だけ法人税を減額するという税額控除の特例になっています。

この一定割合の増額というところですが、改正前は基準事業年度というものを設け、基準事業年度のお給料と比較して一定割合だけ当期のお給料が増えている。それを前提として、その基準事業年度からの給与の増加分、それの一定割合だけ減額するという、そういう立て付けになっております。今回の改正で基準事業年度のお給料というものが撤廃されます。すなわち、今までは適用要件、そして税額控除の減額計算、いずれも基準事業年度における給与をベースにしていたのですけど、今回の見直しで基準事業年度における給与というものが撤廃される、その意味において抜本的な見直しというふうに考えることができます。

では、改正後の内容がどのようなものになるのか。資本金が1億円を超える大企業と資本金が1億円以下の中小企業では内容が異なりますので、分けてみていきたいと思います。

まずは大企業の方からみていきます。資料の4ページ目には改正前後の一覧表を載せています。

・所得拡大促進税制（大法人の場合）　4ページ

向かって左が改正前、右側が改正後です。改正後の方をみていきます。まず一つ目の要点としては、平均給与、一人当たりの平均給与が昨年と比べて3%以上増額している、という要件が1つあります。この平均給与の要件に関しては、改正前にもありました。改正前は前年度と比べて2%以上増えていなければならないということから、改正によって多少ハードルが上げられているということがいえます。それから二つ目です。一覧表の一つ目の要件の下に、国内の今期の設備投資が年間の償却費の9割以上であるとあります。これが二つ目の要件です。これは今回の改正の中で非常に特徴的なものだと思います。この税制は、もともと賃上げ税制ですが、その賃上げ税制の要件の1つに、設備投資の要件を盛り込んでいるというところが非常に特徴的だと思います。

これは現在の安倍内閣が掲げている目標、その内の1つに、国内での設備投資、それから賃上げ、この両方をもっと広げていきたいという大きな目標があります。それがこの改正に顕著に表れているというふうに考えることができます。いずれにしても、この平均給与の要件、そして国内での設備投資の要件、この要件を満たすと税額控除が受けられるということになります。

それではどの程度の税額控除が受けられるのかといえば、一覧表のその下にあるとおり、給与の増加額に対して15%の税額控除が受けられるという改正内容になっています。改正前は、給与の増加分に対して基本10%の税額控除を認めていたので、改正によって若干パーセンテージが増えているということはいえると思います。ただし、注意すべき点としてしては、パーセンテージそのものは増えているのですが、その基になる給与の増加額、その内容が大きく変わっております。改正前は先ほども触れましたとおり、基準事業年度からの増加分です。それに対して税額控除が認められておりましたけれども、改正後は基準事業年度からではなく、前年度からの給与の増加分、それに対して15%の税額控除を認めていくという内容になっておりますので、そのパーセンテージを掛ける基になる給与の増加額、その内容が大きく変わっている、この点に注意をしていただきたいと思います。

それから基本は15%の税額控除ですけれども、一定の要件を満たすと割増として20%の税額控除が認められることになっています。ではどのような要件が必要かといいますと、資料にも書いてあるように、教育訓練費というものがここで出てきます(右ページ参照)。この教育訓練費とは何かということですが、会社の従業員の方の教育や研修に要する費用です。例えば、会社で社内研修を行うといったときに、外部から人を招いて話をしてもらう、研修をしてもらう、そのときの講師料ですね。あるいは外部に会議室なんかを借りて研修を行う。その場合の場所代、部屋代ですね。あるいは社員教育なり社員研修を外部の機関に委託する。そのときの委託費、外注費。こういったものがここでいう教育訓練費というものになるのですけど、この教育訓練費が2割以上増えている場合には割増として20%の税額控除が認められるという内容になっています。この2割以上増加しているというのが前提ですが、いつと比較して20%以上増加しているのかというと、前年と前々年の平均値、これと比較して当期の教育訓練費が2割以上増えているかどうか、それによって割増が適用できるかどうかが決まってきます。

（教育訓練費）

国内雇用者の職務に必要な技術又は知識を習得させ、又は向上させるために支出する費用で下記のもの

①法人がその国内雇用者に対して教育、訓練、研修、講習その他これらに類するもの（教育訓練等）を自ら行う場合　次に掲げる費用

ア　教育訓練等のために講師又は指導者（その法人の役員又は使用人である者を除く）に対して支払う報酬その他の一定の費用

イ　教育訓練等のために施設、設備その他の資産を賃借する場合におけるその賃借に要する費用その他これに類する一定の費用

②法人から委託を受けた他の者が教育訓練等を行う場合

教育訓練等のために他の者に支払う費用

③法人がその国内雇用者を他の者が行う教育訓練等に参加させる場合

他の者に対して支払う授業料その他の一定の費用

それから税額控除ですが、これは所得拡大促進税制に限らず必ず法人税額の何パーセントを上限とするといういわゆる上限が設けられています。今回、この上限についても改正がされています。改正前は法人税額の10%を上限とするという内容でしたが、改正によりまして、法人税額の20%を上限とするというふうに内容が変わっています。この上限の改正についてもご注意いただきたいと思います。大企業に関する改正内容は以上でございます。

●所得拡大促進税制：②中小企業者等の場合

続いて資本金が1億円以下の中小企業における所得拡大促進税制の改正内容をみていきます。資料の6ページ目、ここにも改正前後の比較表を載せています。

・所得拡大促進税制（中小企業者等の場合）　6ページ

改正後は中小企業の場合どのようなものになるのかというと、やはりここでも大法人同様、平均給与の要件が出てきます。平均給与が前年度と比較して1.5%以上増加しているということが必要になります。先ほどみた大企業の場合には3%以上でしたから、ちょうど大企業の半分でいいわけですが、改正前と比べてみますと、改正前は1円でも増えていればよかったわけですから、その点からするとですね、中小企業に関しましてもハードルは少し上げられているということがいえようかと思います。

それから先ほどみた大企業に関しましては、設備投資に関する要件が出てまいりましたが、中小企業に関してはそのような設備投資の要件はありません。この平均給与の要件を満たすと税額控除が受けられるという内容になっています。では、その税額控除の内容ですが、基本は大企業と同じです。給与の増加分に対して15%の税額控除を認めるという内容になっています。ここでの給与の増加分は先ほどと同じく基準事業年度からではなく前年度からの増加分、それに対して15%の税額控除を認めるという内容です。

中小企業に関しても大企業と同じく割増が認められております。ある一定の要件を満たすと割増として25%の税額控除が認められるということになります。大企業の場合は割増が20%だったので、大企業よりも中小企業の方がやはり優遇されているということがいえます。では、どのような場合にこの割増が認められるかということですが、2つの要件を満たす必要があります。まず一つ目はまた平均給与になります。平均給与が前年度と比較して2.5%以上増えていることが必要になってきます。これが一つ目の要件です。二つ目は、これからお話する2つのいずれかの要件、資料2番のAとB、このAとBのいずれかの要件を満たせばいいということになります。Aの要件が教育訓練費の要件です。先ほど大企業の場合には2割以上でしたが、中小企業の場合は1割以上でいいということです。若干大企業の場合と違うことは、大企業の場合は前年度と前々年度の平均値と比較して2割以上でしたが、中小企業の場合は、単純に前期と比較して1割以上当期の教育訓練費が増えていることが要件となっています。

それから、Bの要件ですが、既存の経営強化法で認定を受けることを前提に一定の証明がされた場合ということになっています。具体的には、経営強化法の認定に係る一定の書類（経営力向上計画の写し、認定書の写し、経営力向上に係る事業の実施状況につき経済産業大臣に報告した内容が確認できる書類（経営力向上が行われたことが経営力向上計画に記載された指標の値により確認できるものに限る））を確定申告書に添付することが必要になります。

この平均給与が2.5%以上増えることプラス教育訓練費あるいは一定の証明がされるということを前提として、この2つの要件を満たしたときに割増率が適用できるということになっています。

なお、法人税の上限の話ですが、中小企業に関しては、改正前改正後いずれも法人税額20%を上限とするということで、ここに関しての改正は特にありません。

●所得拡大促進税制：③賃上げ要件・継続雇用者の定義

それから、平均給与を算定するにあたっては継続雇用者をピックアップして平均給与を算定することになっています。しかし、その継続雇用者の中身が少し改正されています。資料ですと8ページ目になります。

・所得拡大促進税制：賃上げ要件・継続雇用者の定義　8ページ

継続雇用者とはどういうものかといいますと、改正前は当期と前期に給与をもらっている方が継続雇用者という方に該当していました。例えば、前期の途中に入社した方、あるいは当期の途中で退職した方、そういった方たちも前期と当期で給与を貰っていれば、継続雇用者としてピックアップして平均給与を算定しておりました。

これが今回の見直しでどのようになるかということですが、8ページ目にも書いてありますとおり、当期と前期の全期間の各月において給料を貰っている方が継続雇用者になります。ここでは、全期間の各月において給与を貰っているということが1つポイントになります。例えば、1年決算法人を前提としますと、前期１年間そして当期１年間、つまり丸々2年間給与を貰っている方が継続雇用者に該当してくるということです。したがって先ほどみたような、前期の途中で入社したような方、あるいは、当期の途中で退職したような方に関して、改正前は継続雇用者に該当していましたが、改正後は継続雇用者に該当しないということになります。そのような意味では継続雇用者の範囲が改正前より少し狭まったといえます。この点にもご注意いただきたいと思います。

なお、今まで税制改正大綱に平均給与として記載されていたため、平均給与として説明してきましたが、改正法を確認したところ、"平均"という用語は使用されていません。改正前は、継続雇用者に対する給与の総額を給与の月別支給対象者の数で除して文字どおり平均給与を算定していました。しかし、継続雇用者の概念が上記のとおり改正により変わったことから、継続雇用者一人当たりの平均を算定することなく、継続雇用者に対する給与の総額を基に判定することになっております。

また、税制改正大綱には明示されていなかった点を指摘しておきます。改正前は当期の給与総額が前期の給与総額以上であることが必要とされていました。これも改正法を確認したところ、当期の給与総額が前期の給与総額を超えていることが必要とされました。

それからもう1点、これは資料には記載はないのですが、所得拡大促進税制の1つの大きな特徴として、設立事業年度から適用できるという特徴がありました。ただ、昨年の平成29年度の税制改正によって大企業に関しては設立事業年度から適用できなくなってしまったのですが、資本金1億円以下の中小企業に関しては現在も設立事業年度から適用できるということになっています。ところが、今回の平成30年度の見直しによって、設立事業年度からの適用ができなくなります。したがって特に中小企業に関してはこの点についても注意が必要となります。所得拡大促進税制に関する改正は以上です。

●中小企業の投資を後押しする大胆な固定資産税の特例：①対比

続いて、固定資産税に関する改正をみていきます。資料では12ページからになりますが、13ページをご覧ください。

・中小企業の投資を後押しする大胆な固定資産税の特例：対比　13ページ

この固定資産税に関する特例措置は平成28年度の税制改正で導入されて、昨年の平成29年度改正で一部手直しされております。そして今回の平成30年度改正でどのような改正がされるかということになんですが、その前に簡単に改正前の制度をみておきたいと思います。

資料の13ページ、こちらに改正前後の比較表が載っておりますが、向かって左側に改正前があります。改正前はいわゆる経営強化法で認定を受けることを前提に特例措置が認められる内容になっています。中小企業を対象として、その中小企業が取得した機械装置ですとか器具備品、こういった物に対するいわゆる償却資産税、これが、当初3年間、取得後3年間は半分になるという特例です。

これが、どのような改正になるかということです。まず、ベースとなる法律が変わります。改正前は経営強化法に基づく認定が前提だったのですが、新しく法律を作ります。資料ですと14ページの注１のところに記載がありますが、生産性向上の実現のための臨時措置法という新しい法律をつくり、そこで認定を受けることが、この新しい税制の基礎となります。

・中小企業の投資を後押しする大胆な固定資産税の特例：参考　14ページ

内容はやはり中小企業者を対象に、その中小企業者が取得する機械装置などについて当初3年間固定資産税（償却資産税）の課税標準がそれぞれ0以上2分の1以下、0以上2分の1以下に課税標準が減額されるという内容になっています。改正前は課税標準が2分の1に固定されていました、これが0以上2分の1以下になりますので、ここだけをみますと、改正前よりも優遇されているという印象があります。

しかし、実のところそのような甘い税制ではなさそうです。それはどうしてかというと、たしかに0以上2分の1以下ということで、現在よりも減額される可能性はあります。しかし、その対象範囲をある程度狭めて、多少ハードルも上げた上で場合によっては改正前以上の減額がなされるということのようです。今、場合によっては今以上の減額と言いましたが、これはどうしてかというと、資料にも書いてあるとおり、0以上2分の1以下と幅があります。その幅の中で例えば2分の1とかあるいは0とかあるいは3分の1とか一定の割合を決めるのですが、その割合を実際に誰が決めるのかと言うと、資料に書いてあるとおり、市町村の条例で定めることになっています。各市町村の定める条例、それでもって減額割合が決まります。したがって、各市町村で定める条例を実際にみてみないと、どれだけの減額ができるのかがわからないというところが注意点になろうかと思います。それから先ほど多少範囲を狭めてそしてハードルも高めた上で適用すると言いました。これは2つ理由があるのですが、それはのちほど説明することとします。

●中小企業の投資を後押しする大胆な固定資産税の特例：②参考

その前に、対象者と対象設備について確認します。資料の14ページ、注2と注3になります。

・中小企業の投資を後押しする大胆な固定資産税の特例：参考　14ページ

注2の方で対象者についてまとめています。こちらは改正前と変わりません。対象者は中小企業、つまり資本金が1億円以下の中小企業が対象となっています。また、対象設備ですが、これは注3に書いてあります。対象設備についても基本的に改正前と変わりません。したがって、対象者・対象設備は基本的には改正前と変わらないということになります。

●中小企業の投資を後押しする大胆な固定資産税の特例：③概要

それでは、どの部分が対象範囲を狭めるのか、あるいはハードルを上げるのかという点をみていきます。

これについては資料の12ページに戻りますと①から③と書いてあるところがあります。

・中小企業の投資を後押しする大胆な固定資産税の特例：概要　12ページ

そこのまず③のところをみていきます。そこには次のように書かれています。

「生産販売活動のように直接供されるもの」と、この生産販売活動のように直接供されるもの、というところが今回新しく改正内容として盛り込まれている部分になろうかと思います。この生産販売活動のように直接供される物とはどういう意味かと言うと、例えば、工場で使う機械あるいは店舗で利用する備品、こういった物が対象になるのであって、純粋に本社で使うような設備は対象にならないという意味です。実は、この生産販売活動のように直接供されるものという要件は、既存の経営強化法に基づく設備投資減税、こちらにはすでに以前から要件として付されておりました、それに対して、固定資産税の特例の方には実はこの要件は入っていなかった、そしてこれが今回入ってきたと、先ほど述べたとおり、工場や店舗で使う設備はいいけれど純粋に本社だけで使う設備は対象から外すという点、そこが1つ注意になるかと思います。

それからもう1つ、資料②のところになります。これは、認定を受けるための1つのハードルとして労働生産性というものがあるのですけど、この労働生産性も若干内容が変わっています。実は、既存の経営強化法に基づく税制、この場合も認定を受けるときに労働生産性の要件があります。これは例えば、経過期間5年の場合ですと、5年間で2%以上の労働生産性を実現してほしいと、これが既存の認定を受けるための要件です。ところが、この新しい方をみると労働生産性が年平均3%以上と書いてあります。「5年間で2%以上」と「年平均3%以上」とでは、おそらく年平均3%以上の方がハードルは高いのではないかと思われます。

こういった点から多少ハードルを高くしているのではないかと考えられます。このようなことで対象を多少絞りハードルも上げた上で場合によっては、つまり各市町村が定める条例、それによっては今以上の減額をするというところが大きな特徴になるかと思います。

さらに先ほど、対象者それから対象設備に関しては現行と変わらないと申しましたが、実は、どうも条例によっては、この対象者・対象設備に関しましても法律で定めるものとは別に各自治体で固有の要件を付してくる恐れがあるようです。その意味においては先ほど申し上げました実際の減額割合だけでなく対象者・対象設備に関しましても、最終的には各市町村で定める条例、こちらを実際に確認してみないと内容がわからない、これがこの今回の改正の最大の留意点になろうかと思います。固定資産税に関しては以上で終わります。

第３章

国際課税

・国際課税の税制改正の背景

・恒久的施設（PE）の見直し①

・恒久的施設（PE）の見直し②

・恒久的施設（PE）の見直し③

・外国子会社合算税制の見直し
（海外M&Aに伴う海外子会社等再編円滑措置）

辻・本郷 税理士法人　審理室・税理士　渡邉 勲

第３章　国際課税

●国際課税の税制改正の背景

国際課税、すなわち、非居住者、外国法人の国内源泉所得への課税、あるいは居住者、内国法人が海外でどういった所得を得たときにどういった課税があるのか、そういった国際課税について、大きく4つのポイントが昨年12月の税制改正大綱では掲げられました。

資料では24ページ以降ですが、重要な2つのポイントを特に詳しく説明しています。一つ目の重要ポイントとして、恒久的施設という言葉があります。恒久的施設という言葉はなかなか税法の中ではなじみがない言葉ですが、実は、租税条約の中に出てくる言葉を法人税法、所得税法の中に取り込んだというわけです。

背景を述べますと、少し前ではありますが、平成26年度の税制改正があり、非居住者、外国法人の申告納税の課税の方式、課税の基準を、大きく改正したところです。その中で、いわゆる帰属主義という課税所得のとらまえ方が導入されました。その帰属主義に必要な概念が恒久的施設という概念です。ところで、昭和40年法人税法、昭和40年所得税法、これが現行の所得税法、法人税法ですが、この中にも国内の事業については、国内に支店その他の事業所がある場合には申告納税をするというルールが書いてあります。したがって恒久的施設とか帰属主義といった言葉を使わなくても、ほとんど同じような課税ルールでした。ところが、平成26年度の税制改正で租税条約、わが国には約70の租税条約があり、120以上の相手国・自治領等に適用されていますが、租税条約に出てくる帰属主義という近代的な方式に法人税法、所得税法のその部分を改正したという経緯があり、それが平成28年度からの適用になっています。

法人税法、所得税法ではそれぞれ第2条というところに各種用語、重要な用語の定義がずらっと並んでいますが、この恒久的施設という言葉は、平成27年度までの税法集には載っていません。平成28年度の税法集からは第2条の中に恒久的施設という言葉が載るようになりました。その恒久的施設という言葉は先ほど述べた非居住者、外国法人それぞれが国内の所得について申告納税をする場合の基準です。なぜこういう言い方をする必要があるかというと、非居住者、個人の方、それから外国法人の国内源泉所得に対する課税は、源泉分離課税、源泉徴収だけで課税が完結する場合と、申告納税までしてくださいという2つの場合に分けられるからです。この2つの場合というのは、所得の種類でということではなく、国内で事業所、支店とか工場、そういった事業拠点を設けて活動し、そこで所得が発生する場合には申告納税をしてくださいというわけです。同じ外国法人でも、例えば、外国の本店財務部が本店の投資として日本の会社の株式を買う、社債を買う、そこで配当とか利子も出てくるわけですが、そういった場合には日本における事業拠点とは違うルートでの投資でございますので、源泉分離課税だけで終わりになると、そういう二本立てです。

前述のとおり、平成26年度の税制改正では、そういったところのルールを、従来からの昭和40年の所得税法、昭和40年の法人税法固有のルールではなく、わが国が多く結んでいる租税条約に出てくるルール、帰属主義のルールに改めた際に帰属主義の課税要件として国内に恒久的施設がある場合に限り、かつその恒久的施設に帰属する所得に限り、国内で課税できる。この場合の課税というのは申告納税という意味でありますが、そういうルールに置き換えたという経緯があります。

したがって、今回の平成30年度の税制改正の中で、恒久的施設についての改正がありますが、今回初めて恒久的施設という概念が出てきたわけではありませんので、実質的には昭和40年の所得税法なり、法人税法なりに出てきてずっとある外国法人、非居住者の課税の大原則とはほとんど同じですが、平成28年度からはいわゆる帰属主義という租税条約の課税ルールと同様の申告納税のルールにのっとったかたちで、新たに租税条約との整合性を高めたかたちで、所得課税、法人課税が出てきました。その中に出てきた恒久的施設という用語（課税要件）を、租税条約でのいろいろな懸念材料や問題事例も国際的に議論されていますので、その辺を踏まえたところで法人税法、所得税法の中でもバージョンアップしたという経緯があります。

●恒久的施設（PE）の見直し①

それでは、24ページをみていきます。

・恒久的施設（PE）の見直し①　24ページ

国内の事業拠点というと、支店がある、工場がある、そういったところが代表的です。しかし、恒久的施設の概念は租税条約でも広がりをみせていて、支店、工場だけではなく、建設工事現場（サイト）、その現場自体も支店や工場と同じように活動拠点とみるというルールがあります。日本も含めた多くの先進国では、建設活動が12カ月を超えるような長期の建設活動、そういう建設工事現場を事業拠点と見なすというルールになっています。

従前から国際課税の分野でいろいろ問題が指摘されているのは、一部の納税者、建設工事を請け負った企業が、12カ月ルールで申告納税をしなければいけないが、それを避けたいということで、工期を例えば3カ月ごとに4つに分けて、それぞれ関連会社に受注をさせるとか、形式的にはA社3カ月、B社3カ月といった12カ月ルールが租税逋脱（というと当局側の言い方ですが）、ルールに合致しないような状況が出てきてしまうので、税法上のルールとしては、課税要件を回避するために分割したと、あるいは工期の分割は租税回避が主たる目的だという場合には、全体の工期を合計してこの恒久的施設のありなしの判定をするというルールです。

この背景には、先ほど来、租税条約というふうに説明をしていますが、日本が約70の租税条約を締結している中で、例えば途上国との租税条約では、途上国側の希望としてはもう3カ月ぐらいで課税をしたい、3カ月ぐらいで外国から来ている建設工事業者に対しては申告納税を求めたいというルールがあります。他方、先進国同士の条約では、一般的に国内法が12カ月であれば租税条約の趣旨に鑑みて24カ月でもいいのではないかと、お互いに課税を制約し合って経済交流を活発にしようというそういう発想もあります。このように租税条約の政策ポリシーに若干の幅がありますので、実際にどういうふうに国内法を適用するかというのが問題になってきます。今回の税制改正についても、租税条約において建設工事現場も含めて恒久的施設というルール一式、恒久的施設の定義について租税条約で詳細に定めることが通例であるので、租税条約がある場合には、もう国内法のルールをそっくり租税条約のルールで置き換えましょうというのが法律に盛り込まれたところです。

したがって、例えば恒久的施設について、支店のところは国内法を適用する、建設工事現場のところは租税条約を適用するといった、当局でも納税者でもいいとこ取りはしないと。租税条約が恒久的施設について一式を定めるのであれば、もうそっくり国内法のルールとして適用しましょうということを法律レベルで書いています。したがいまして、今の1点目、それからあと2点ほどありますが、この細かいルールもあくまでも国内法だけを考えたときにはこうなると。ただし、租税条約で別途あれば、中身はともかくとして、一式入れ替わってしまうというのが大原則だということをご留意ください。

●恒久的施設（PE）の見直し②

それでは、25ページです。

・恒久的施設（PE）の見直し②　25ページ

これも恒久的施設の事例ですが、前述のとおり、代表的な支店とか工場、そういった典型的な事業拠点とは違い、物流拠点のようなものは恒久的施設に該当するかどうかというところが以前よりも問題となっています。

租税条約は古くは、19世紀の頃から発展してきたわけですが、その頃は有形棚卸資産の販売という経済活動がメインでした。言ってみれば物流拠点（倉庫）というのは、路面店が売買契約を成立させるまでの間、棚卸資産を置いとくところというような補助的な位置付けであり、準備的な位置付けでした。

ところが、最近、特に典型的にはネット通販などをみると、大規模なネット通販は注文を受けてから1日で配送しますというようなことも特色としているところが増えてきています。従来型の通販というのは、例えば、郵便で通販を申し込むと通販業者は仕入れをそれから始め、それから配送するというような、かなり日数のかかるのが伝統的な通販でした。それに比べて、特に外資系の大規模なネット通販では、自分が大きな在庫を抱えるということで、ネット通販というかたちでありながら、路面店と同じような配送、物流を実現するといったビジネスモデルになっています。

さらに、路面店は商品アイテムの構成について非常に限界があります。よくロングテールの法則っていいますが、恐竜の長い尻尾のようなイメージですけれども、売れ筋の商品アイテム数と在庫できる商品アイテム数というのは逆比例します。路面店においては、売れ筋の商品をなるべく置いておきたい、もしくは売れ筋アイテムだけを置いておきたい。ところが、近代的なというか、最近のネット通販はどういうことかというと、巨大な物流倉庫があります。そして売れる物も売れない物も在庫として抱えています。めったに売れない物でも、ネット上で注文があればさっと24時間で配送できるといった点で、19世紀の頃のいわば物流倉庫とは随分違った意味合いが出てきております。単なる補助的な裏方としての倉庫ではなく、まさに販売業の基幹部署というところです。

路面店といった対人の部署はもうなくなってしまっている。商法的な言い方をすると、申し込みとこれへの応諾というのが売買の基本ですが、申し込みをしてもらうための申し込みの勧誘という行為があります。従来の路面店では、申し込みの勧誘と申し込みの受付、それから申し込みの受諾、それから申し込みで成立した契約に応じて商品を引き渡す、それから代金をもらう。こういった一連の活動が一遍にできます。

しかし、最近のネット通販の場合には何が重要かというと、申し込みの勧誘とか申し込み自体はもうネットの世界では、路面店に出向かないままですぐにできます。そうすると、一番大事なのは、成立した契約にしたがって、物流をするところが非常に大事になります。そうすると、19世紀、20世紀的な発想でいけば裏方であった倉庫、物流拠点が、まさに小売事業などの前面に出てくるという時代の変化があります。

そこで、恒久的施設の話に戻ります。国内で申告納税をお願いするような外国法人については、19世紀、20世紀の発想でいけば、倉庫だけ持っているのであれば、申告納税はないでしょうと。なぜならば、倉庫には所得は発生しませんね、付加価値の観点からみても、倉庫に商売の付加価値がつきますかというそもそも論がありました。最近のネット通販などでいえば、まさに物流拠点があってこそのネット通販です。なので、そこに一番の付加価値をつけて全く問題ないわけです。

そうすると、従来からの租税条約のルールであっても、租税条約自体でもこの手の物流倉庫は恒久的施設になるというふうな解釈の変更、あるいは条文の変更があります。要するに、租税条約上の恒久的施設という概念を法人税法、所得税法に取り入れたところで、最近の租税条約の動きも合わせて法律改正の中で盛り込むということです。この25ページにありますような典型的な支店とか工場とかいったものでない物流拠点であっても、立派に恒久的施設と認定するというルールです。

従来から解釈論としてありましたが、税制改正によりこれを明文で明らかなルールとして表示するということになるかと思います。現在、まだ国会に法律が出た段階ですから、令以下の明文がどうなるかは少し時間がかかるかと思います〔注〕。発想的には租税条約で従来から議論されていたことを法人税法の中にも盛り込んだというところです。資料の25ページにもあるとおり、補助的活動、準備的活動、あるいは補完的活動、こういった言葉、概念が出てきていますので、こういったものに該当するのであれば、恒久的施設にはあえて課税しないということですが、名前は倉庫であっても決して補助的、準備的、補完的ではないということであれば、恒久的施設に該当するということがルールとして明文化されたということです。

〔注〕平成30年度の税制改正は、3月28日に国会で可決・成立し、3月31日に官報で公布されています。

●恒久的施設（PE）の見直し③

恒久的施設の3点目です。

本来、恒久的施設という言葉の由来は建物、施設から出てきたものですが、自前の建物、自社ビルの路面店というかたちではなくても、現地の地元の業者さんにお願いすると、専属でわが社のものを取り扱ってくださいねという専属契約もあり得ます。従来から、それは総代理店などいろいろなかたちで19世紀の頃から、あるいはそれ以前から、コマースの世界ではまっとうな取引形態だったと思います。

そういった代理人、商業上の代理店もこの恒久的施設概念でどう捉まえるかというのは、租税条約の中で発展してきたところであるので、2つの考え方があります。大きくいえば総合商社のように他のビジネスから話をもらって別のビジネス、あるいは別のコンシューマーに中継ぎをすると、こういった業として独立的に誰かに属しないで代理人行為をするという場合、それから1社あるいは数社の専属的な代理を契約して、その委任先からかなり細かいところまで契約内容にしたがってビジネスの方向性を決めてもらうといった、いわば専属的な代理人というのもあります。この後者の代理人の中には、委任者から非常に大きな権限を与えられ、契約行為まで代理人の方でやってくださいと、契約の締結権限のある代理人というのもあります。そうすると、先ほど述べましたような業として独立的に代理する専門商社のような位置付けと、それから1ないしは複数の委任者との関係で、専属的な代理行為をする場合と2つに分かれますが、その後者の場合の代理人については、経済的には支店を建物として設置するのと同じような状況です。だからそれも機能としては恒久的施設に入れましょうと。決してその外国法人の事業用の建物があるわけではありませんが、機能としては建物がある支店とか販売所とかそういったものと同じではないかというのが、租税条約の世界で発展してきているようです。

今回、租税条約のこの概念を法人税法に取り入れるにあたり、同じようなことも導入したということです。改正後というところで26ページの一番下のところにあるように、前述の専属的な役目をするという中で、契約締結代理人といって、もう委任者の代わりに一定の範囲内で契約をしていいですよと、その契約の行為は、あるいは法律効果は委任者の方で引き受けますという、そういう非常に大きな権限を持つ場合はもう典型的な契約締結の代理人ですけれども、契約締結代理人に非常に類似する、だけども最後のサインをするというか、契約の最後のところは委任者本体がするといったときに、果たしてこのような代理人が契約締結代理人なのか、あるいはすれすれ代理人ではないのか、なかなか微妙なとこもあり、議論があるところでした。

・恒久的施設(PE)の見直し③　26ページ

今回、租税条約の恒久的施設という概念を法人税法・所得税法の中に取り入れるにあたっては、最後のサイン、契約が成立する最後のサインは外国法人本体がするにしても、そこまでの重要な行為をする、そういった代理人、そういった権限を与えられている代理人であれば、代理人としていい、恒久的施設とみましょうという改正です。これもどちらかというとわが国が独自に課税権を広げたというよりは、租税条約の世界で議論されてきた中身を明確化するといった位置付けかと思います。

●外国子会社合算税制の見直し（海外M&Aに伴う海外子会社等再編円滑措置）

平成30年度の国際課税に関する改正において、もう1点つけ加えておく重要項目としては、いわゆる外国子会社合算税制という税制についてです。

これは非居住者、外国法人ではなく、居住者、内国法人の海外活動について、どういうふうに課税の適正を担保するかといった税制です。古くは昭和53年に導入された税制ですが、当時はわかりやすくするといった意味で、タックスヘイヴン（対策）税制といった言い方をしていました。これはよく考えてみると、この納税者、ここに関係していく納税者はタックスヘイヴンを活用するというか、濫用するというか、ちょっとイメージが悪いところもありました。また必ずしもタックスヘイヴンと世間でいわれているようなところに設置した子会社だけではないため、おそらく平成の初めぐらいには、公的な場面ではタックスヘイヴン税制という言い方はやめました。現在では、あくまでも外国子会社合算税制という税制といわれています。

この税制については、昨年の平成29年度改正で非常に大きな改正がありました。ただし、大きな改正ゆえ、適用開始の時期がまだ今年ではありません。今年の4月1日以後そういった海外子会社が事業年度を開始し、その事業年度の終了の日の2カ月後に、その親会社である内国法人の所得に留保所得を合算するという仕掛けですから、少なくとも来年の4月以降、2月後のタイミングということになります。4月～3月の事業年度の法人が多いことを踏まえると多くの場合、平成31年ぐらいから大きく動き出すような税制かと思います。

そういった流れをみると、昨年の大改正に引き続き、今年にまた少し手直しの改正があるということは、まだ動きだしてない税制の穴塞ぎを少ししたということです。前述のように、来年の4月からの事業年度でという事例が多くありますので、来年度の改正でもまだあるのかなと思います。大きな改正でしたので、いろいろな納税者の方から要望事項、経団連等からも要望事項がありますので、順次バージョンアップするというか、穴塞ぎをするということはやはり必要かと思います。

実質的には、来年の4月以降の適用開始を踏まえて、まだまだ準備段階というところですが、27ページに1つ例が挙がっているのは、もともとこういった税率がない、税率がゼロ、あるいは税率が非常に低いところに当社、あるいは当社グループとしては子会社を設けるつもりはないとしてきた。

・外国子会社合算税制の見直し
（海外M&Aに伴う海外子会社等再編円滑化措置）　27ページ

ところが、やはりグローバルなM&Aを行う必要がございますから、そのときに別のグループを買い取ったとき、その中にそういった例えばバミューダとか、ケイマンとかそういったところに実体のないような子会社があったとする。そこはやはりM&Aの実効性という意味で処分、整理をしないといけないということで、もうこの手の外国関係会社は閉鎖するとか、売却するとかっていうことも当然あり得るわけです。そういった株式の売却益というかたちで表れる部分については、従来のこの合算税制でみなし所得として合算するような所得とはいえないのではないかということもあるので、今年の改正はその辺の小さな穴塞ぎというところで、合算対象とは看做さないよというところです。

ここだけみると、何のことかよくわからない話ですが、来年度の平成31年度のこういった細かい手直しをも含め、平成31年4月以降はやはり本格的に対応をしないといけないと思います。そのときに改めて昨年の平成29年度改正、今年の改正、来年の改正も多分いくつか出てくるかと思いますので、そこを全部そろえたところで、平成31年4月以降の対応を考える必要があるかなと考えています。

以上です。

第4章

資産課税

・資産課税の税制改正の概要
・事業承継税制の特例の創設等①
・事業承継税制の特例の創設等②
・事業承継税制の特例の創設等③
・事業承継税制の特例の創設等④
・事業承継税制の特例の創設等⑤
・事業承継税制の特例の創設等⑥
・事業承継税制の特例の創設等⑦
・事業承継税制の拡充（全体像）
・小規模宅地等の特例の見直し①（全体像）
・小規模宅地等の特例の見直し②（貸付事業用宅地）
・小規模宅地等の特例の見直し③（3年内家なき子）

辻･本郷 税理士法人　審理室･税理士　新井 宏

・一般社団法人等に関する贈与税・相続税の見直し

辻･本郷 税理士法人　審理室･税理士　片 ユカ

第4章　資産課税

●資産課税の税制改正の概要

資産課税関係についての平成30年度の税制改正について、資料の「平成30年度税制改正のポイント」の資産課税のところを中心に説明をしていきます。

はじめに、平成30年度の税制改正の資産課税関係での大きな改正は2つあります。まず1つは、事業承継税制の特例の創設。もう1つは小規模宅地の特例の見直し、この2つです。

順を追って説明します。まず事業承継税制の特例の創設。もともと事業承継税制は従来の平成21年の税制改正によって創設されています。しかし、この事業承継税制についてはなかなか利用されていないというのが現状です。なぜなら、その1つの理由として、税理士がこの事業承継税制について、あまり顧客にすすめていないということがあります。すすめない理由としては、事業承継税制を簡単に説明すると、会社のオーナーが持っている株式を後継者に相続または生前贈与することについて、一定の条件を満たせば、その相続税や贈与税の納税を猶予するという制度です。ただし、これは納税の猶予であり、免除というわけではないため、一定の事由が発生した場合には、猶予されていた相続税や贈与税の猶予期限が確定して納付しなければならないということになります。そうすると、この制度について安易にすすめた結果、条件を守れずに本来の相続税に加えて、さらに高い利子税を加えた税金を納税しなければならないというような事態が起こることも十分考えられます。この場合、その特例の適用について、税理士が納税者の方にしっかりと説明していたとしても、納税者から「税の専門家である税理士がすすめたからやったのに、なぜこんなに税負担が重くなるんだ」ということで進めた税理士が責められるということが十分に考えられます。よって、税理士としても安易にその制度の適用をすすめられなかったのが原因ではないかというふうに思われます。

ただし、最近の中小企業の経営者については、高齢化が進み、今後5年間で30万人以上の経営者が70歳に達する。そういう状況であるにもかかわらず、その半分以上が事業承継の準備を終えていません。このまま事業承継が終わらないという現状を放置すると、中小企業の廃業の増加により、地域経済に深刻な打撃を与えるおそれがあることも考えられるため、このような現状を踏まえて、従来の事業承継税制の要件を見直すということです。

今回の税制改正は平成30年の1月1日から平成39年の12月31日までの相続または贈与による財産の移転について、10年間に限定した特例制度です。従来の制度と並行し設けられた特例制度で、従来の事業承継税制は今後も存続しますが、従来の制度は、なかなか使いにくかったのに比べ、この10年間の特例制度は、比較的容易に使われることになるのではないかと思います。そうすると、これをオーナーにすすめないでいると、この事業承継の特例を受けることができたにもかかわらず、それが特例の適用期間が過ぎてしまうと、結果的に受けられなかったということになると、その責任を税理士が問われかねないという状況にもあります。これについては十分に皆さん検討していただいて、その適用を考えていただく必要があるのではないかということです。ただし、細かい点については、まだ詳細なルールが公表されているわけではありません。今回の説明では、一応、昨年の12月の税制改正大綱を中心にして作った資料を基に説明をしていきます。

●事業承継税制の特例の創設等①

まず、事業承継税制の特例制度の創設ですが、10年間に限定した特例制度で、具体的には今までと比べて何がどのように違うのかみていきます。

まず1つは、この特例制度の適用を受けるためには、特例承認計画書を都道府県に提出する必要があります。特例承認計画書を都道府県に提出することでこの特例を受けることができるようになります。

では、従来からある制度と、この特例制度とどこが違うのかということになりますが、資料の30ページ、事業承継税制の特例の創設等の①の解説にあるとおり、各要件が抜本的に改正され、より利用しやすくなります。

・事業承継税制の特例の創設等①　30ページ

具体的に述べますと、この資料では「改正前」と「改正後」になっていますが、改正前の事業承継税制が全く新しくこちらに変わったというのではなくて、事業承継税制の従来からある制度はそのまま存続し、それと並行して時限的に10年間の特例として、ここに書いてある改正後の制度が設けられたということです。一応、左側の改正前は従来からある制度、それから右側の改正後は創設された特例制度というふうに理解し、この資料をみてください。

まず、相続税と贈与税の負担の軽減が図られるということです。どのように軽減が図られるかということですが、猶予対象株式については、従来からある制度については、一応発行済株式総数の3分の2に達するまで、最大3分の2が対象ということになっています。したがって、3分の1はこの特例が受けられないということになっていましたが、今回の特例制度では、後継者が取得した全ての株式について、この事業承継制度の特例が受けられるということになります。次に、猶予される割合はどうかということですが、従来の制度では相続税については80%が猶予される、言い換えれば、20%は納税をしなければならないということになります。一方、この特例制度では、猶予の対象になった株式にかかる相続税の100%が猶予対象になるということになります。言い換えれば、その猶予対象となった相続税については、その株式にかかる部分については、全く当初は納税しなくてもいいということになります。

それから、承継パターンが拡大されています。具体的に言いますと、贈与する者、あるいは相続の場合には亡くなった被相続人ということですが、これは従来の制度は代表権を有していた先代経営者1人だけということですが、今回の特例制度については代表権を有していた者以外の者も複数対象になります。言い換えると、例えば、父親と母親が株式を持っていた場合に代表権を有していたのが父親で、母親は代表権を有していなくても母親の株式についても、この特例の対象になるということです。

次に、その株式を承継する後継者についてです。従来の制度では、同族関係者で過半数の議決権を有する後継者1人だけでした。しかし、特例制度は代表権を有する複数の者、最大3人まで代表権があれば、その方が承継した株についても、この特例制度の適用が受けられるということになります。

また、相続時精算課税制度についての適用範囲についてですが、相続時精算課税制度というのは、生前贈与を行った場合、贈与税を納めることになりますが、この相続時精算課税制度は、将来の相続のときにもう一度精算して課税する、すなわち、民法的には贈与ではありますが、税金については相続税の対象として課税されるという制度です。この適用範囲についても、従来の制度は、贈与した者の直系の卑属、言い換えれば、贈与した者の子どもさんだとか、お孫さんだとか、そういう方に限定されていました。それが今回の特例制度は相続人以外の第三者の方でも後継対象になるということになっています。この改正の詳細は後述します。全体的な概要としてはこのようになっています。

また、先ほど述べたとおり、適用時期は平成30年の1月1日から平成39年の12月31日までの10年間に限定された特例制度であり、この特例を受けるためには、特例承認計画書を都道府県に提出する必要があります。

●事業承継税制の特例の創設等②

次に31ページの事業承継税制の特例の創設等の②です。

・*事業承継税制の特例の創設等②　31ページ*

具体的には、一度、納税猶予制度の適用を受けた場合、いつまで猶予されるのか、それから将来的にどうなるのかを説明していきます。納税の猶予ということですから、言い換えれば、本来納めるべき税金を一時に納めなくて猶予するという制度ですから、ある一定の要件に該当してしまうと、その段階で猶予の期限が確定して納めていただかなければならないということになります。

その1つの要件として、雇用の確保が必要になります。具体的には、これは雇用促進のための税制の1つでもありますので、事業承継をしたあと5年間は従来の従業員の8割の雇用を維持していく必要があります。事業承継した場合に経営者が変わってしまうと、それに伴い、経営状況も変わってしまうということもあります。そうすると、従来いた従業員をそのまま確保できないということがあります。従来の従業員数を確保できなかった場合に、つまり、事業承継後の5年間の平均の従業員の数が8割を下回ってしまうと、その時点で猶予期限が確定して納税をしなければならないというのが従来からある制度です。

新しい特例制度は、承継後5年間で従業員の数が8割を下回った場合には、雇用確保（維持）要件を満たさなかった理由について、理由書を都道府県に提出すれば、引き続き納税猶予を継続することができます。この場合の理由書には、経営認定革新等支援機関の意見が記載されたものを添付する必要があるというような条件もありますが、具体的な手続きについては、今後、詳細なルールが公表されたときに改めて説明いたします。

それともう１つ、経営環境変化への対応ということで、承継した株式がその後M&Aなどによって会社買収されてしまうとか、あるいは状況によっては企業がうまくいかなくなって解散を余儀なくされてしまうとか、合併というような状況になったときに、この納税猶予がどうなるのかということです。従来の制度は会社を譲渡したり、解散したり、合併をしたような場合には、その時点で猶予している税額を全額納税しなければならないということになります。例えば、会社の維持ができなくなって、解散を余儀なくされたという状況になってきますと、当然株式の株価ももう0円に等しくなってしまう。そのときでも、相続したときの株価が高くて、相続税の課税対象になっていた猶予税額は納めなければならないという事態を招くことになりますので、ここが大きなネックとなって、あまり従来の制度が利用されていなかったというのが現状ではないかと思います。

今回の特例制度では、その譲渡をしたり、解散をしたり、合併をした時点で、その株式をもう一度評価をして、再計算をした相続税額を基に、当初の猶予税額との差額を免除するという特例になっています。言い換えれば、例えばもう解散をしなければならない状況になったときに、その株価を計算してみたらもう0円だったというような場合には、ある意味では猶予税額が全額免除できるということもあり得るのかなというふうに考えています。

●事業承継税制の特例の創設等③

次に、具体的にこの特例制度、事業承継税制の特例制度を受けるための手続きをみていきます。一応、ここに特例後継者あるいは特例認定承継会社、特例承継計画というようなかたちの仮称の表現がありますが、その具体的な用語の定義については、32ページに記載されたとおりです。

・事業承継税制の特例の創設等③　32ページ

①の特例後継者というのは、この特例承継計画を提出した会社の株式を承継する者というふうに考えていいかと思います。それから②の特例承継会社というのは認定経営革新等支援機関の指導、助言を受けている会社が都道府県知事に対して、特例承認計画をあらかじめ提出して承認を受けたものをいいます。

では、③の特例承継計画は、いつまでに提出すればいいのでしょうか。これは具体的には平成30年の4月1日から平成35年の3月31日までの間に特例承継計画を都道府県に提出していただく必要があります。具体的に言うと、この特例は10年間の制度ですが、この特例承継計画の提出は平成30年の4月1日から平成35年の3月31日までの5年間の間に提出しなければ、そのあとの平成39年の12月31日までの相続、贈与についてこの特例が受けられなくなるということです。あらかじめその手続きを踏んでおいていただく必要があるということになります。一応、この特例適用を受けるための手続きとしては、漠とした概略としては今お話ししたとおりですが、もう少し具体的な申請書、計画書のひな型等については今後詳細なルールが公表される段階で少しずつ明らかになっていくのではないかというふうに思われます。

●事業承継税制の特例の創設等④

では、次に33ページ。事業承継税制の特例の創設等の④ということで、先ほど簡単に説明しましたが、この解説にあるとおり、事業承継税制の特例適用対象者が拡大されます。

・事業承継税制の特例の創設等④　33ページ

現行制度というのは従来の制度ですが、これは先代経営者から先代経営者の事業を承継する者1人についてだけ、その特例が受けられるという制度でした。今回の特例では33ページの真ん中の列にある「複数人からの承継」ということで、先代経営者であった者からの株式の贈与、あるいは相続だけではなくて、先代経営者の配偶者が保有していた株式についても、その承継時期が異なる場合でも、先代経営者からの相続または贈与について、納税猶予の特例を受ける場合に、その相続又は贈与があってから5年以内のものであれば、それについてもこの事業承継税制の特例制度の適用が受けられるということになります。株式を先代経営者とその配偶者など複数に分けて保有していた場合に、先代経営者の持っているものだけではなくて、それ以外の株についてもこの事業承継税制の特例が受けられるということになります。

それからもう1つは、33ページの右側の列の図にある「複数への承継」にあるとおり、もらう方、あるいは相続する方の者についても、従来は1人だけでしたが、この特例は複数の承継も認められるということで、特例後の承継者が複数いる場合にもらい受ける者が代表権を有しているという条件と、それらの同族関係者の株数を合わせて発行済の株式あるいは総議決権の過半数を有し、かつ、その議決権の10%以上を持っている者の上位3名、最大3名までがこの事業承継税制の特例が受けられるということです。例えば、子どもが3人いて、3人ともがその会社の経営に携わるというようなケースの場合には、従来はどなたか1人だけしか事業承継税制が受けられなかったのが、この特例は3人の相続人あるいは受贈者がいずれもこの事業承継税制の特例を受けることができるということで、その意味でも承継税制は使い勝手が従来に比べるとだいぶよくなっているのではないかなというふうに考えられます。

●事業承継税制の特例の創設等⑤

次に、先ほど少し述べましたが、今回の特例制度は、相続時精算課税制度の適用範囲の拡大も図られています。相続時精算課税制度は、生前に贈与をした場合には一定額の贈与まで贈与税がかからない代わりに、贈与した者が亡くなったとき相続の際に、生前に贈与された財産の額と相続された財産の額を足した額に対して相続税がかかるという制度です。この制度は、代表権を有する先代から代表権を有する後継者等に対して贈与するというもので、その条件としては、満60歳以上の親または祖父母から、満20歳以上の子または孫が対象となっていました。しかし、34ページにあるとおり、第三者が承継するような場合、例えば、会社経営者の相続人の皆さんが必ずしもその会社を引き継ぐとは限らない、むしろ外部の者がその会社を引き継ぐ方がその会社にとって好ましいというケースの場合に、その第三者が引き継いだ株についても、この相続時精算課税制度の特例の対象になるというかたちで、この特例制度が改正されました。

・事業承継税制の特例の創設等⑤　34ページ

したがって、今ある企業が必ずしもそのご子息が引き継ぐとは限らないケースもたくさんあると思いますので、そういう会社についてはぜひこの特例制度を適用して納税猶予を受けることによって、相続税の負担が減少していくということを検討する必要があるのではないかと思います。

●事業承継税制の特例の創設等⑥

事業承継税制の確定事由ですが、35ページをみますと、雇用確保の要件というのがあります。

・事業承継税制の特例の創設等⑥　35ページ

一旦納税猶予制度の特例を受けて、その後、雇用を5年間は最低でも80%を確保しなければならない。具体的には、この図でいきますと、贈与時あるいは相続時に30人の従業員がいた場合に、少しずつ従業員が減っていってしまったと。その結果、5年の平均で80%を確保しなければならないということは、雇用要件人数は、贈与時の30人×80%で平均24人を確保しなければならないということになりますが、この例でいくと、5年平均人数で22人になってしまうと。そうすると、この段階で猶予期限が確定して猶予されていた相続税額、贈与税額の全額を納税しなければならない。さらにそのときには利子税も合わせて納めなければならないという状況になります。

今回の創設された特例制度は、仮に、この雇用要件を達成していなくても、未達成の理由を報告することによって、引き続き納税猶予を受けることができるという制度です。この場合は認定経営革新等支援機関の意見書をつけて都道府県に理由書を提出する必要があります。

●事業承継税制の特例の創設等⑦

では、次に、この事業承継税制の適用を受けた場合に、将来、例えば承継した株を譲渡せざるを得なくなった、売却せざるを得なくなった、あるいは解散が必要になってくる、さらには合併が必要になってくるというふうになったときには、猶予されていた相続税額あるいは贈与税額がどうなるのかということについてですが、36ページをみていきます。

・*事業承継税制の特例の創設等⑦　36ページ*

経営環境が変化した結果、従来どおりのかたちで経営を継続していくことができなくなったという場合、従来からある制度、つまり現行制度のことですが、会社を譲渡、あるいは会社の株式の全部を譲渡したということを考えていただいてもいいと思いますが、猶予されていた相続税や贈与税がその時点で全額納付しなければならないということになっています。

一方、今回の創設された特例制度は、解散や譲渡した時点で、その時点の相続税の評価額を基に再度計算をして相続税額や贈与税額を算定します。その結果、当初の猶予税額を下回る場合には、その差額については免除されるという制度です。この図をみていただくと、当初の左の方の相続、贈与時の図ですが、これは納税猶予の対象となる株式の相続税評価額のうち、いわば半分程度が猶予相続税あるいは贈与税で猶予されていた税額ということになります。これが現行の制度でいけば、解散あるいは譲渡した場合には、この猶予税額全額を納めなければならないということになりますが、今回の特例制度は再度計算をします。具体的には、解散時あるいは譲渡時の相続税評価額、あるいは譲渡時の実際の売買価格を基にして再度計算をし直します。その場合に、再計算した価格に基づく納税額に、解散前の5年間に特例対象者に支払われていた配当、あるいは過大役員給与等があれば、それを加算した金額を超える部分が免除されるというかたちです。

言い換えれば、譲渡すれば譲渡代金が入ってきますし、さらに過去5年間に配当とか過大な役員給与をもらっている場合には、それは実際にもうもらっているわけですから、再計算した相続税や贈与税と実際にもらった過去5年間に配当や過大な役員給与相当分は税金として納めてもらいましょうと、それを超える部分は免除しましょうという制度になっています。一応、納税環境が変化して会社の株を売らざるを得なくなった、あるいは解散をしなければならなくなった場合に、全額納めなければならないというケースを想定すると、これがネックとなって、なかなか従来の制度は使われなかったのではないかと思われます。しかし、今後はそういう事態が発生した場合でも、再度計算をし直して、実際に利益を得ている部分については納税をしなければなりませんが、それを超える部分は免除されるというかたちになります。

多くの経営者は、事業承継をする上では、さまざまな事業承継に対する節税の方法を考えていると思いますが、今後は、この特例制度は、節税方法の1つとしてぜひ納税者の方には紹介をするのがよろしいのではないでしょうか。少なくとも、何も知らせないで特例の期間が過ぎてしまったということになると、税理士の責任を問われかねないため、最終的な判断はそれぞれの経営者の判断になると思いますが、一応税理士としては、それをご説明する必要があるのではないかというふうに、私としては考えております。

●事業承継税制の拡充（全体像）

37ページはこの事業承継税制の拡充についての全体を表にしたものです。

・事業承継税制の拡充（全体像）　37ページ

これは今まで詳述した内容を網羅した図ですので、よくみて理解をしていただければよろしいのではないかというふうに思います。いずれにしても、細かい点は不明な部分がまだまだありますので、今後詳細なルール等が公表された段階で、改めてこのような機会があれば、ご説明をさせていただこうかというふうに考えております。

●小規模宅地等の特例の見直し①（全体像）

資産課税関係で大きな税制改正の1つとして、小規模宅地の特例の見直しがされています。そのうち、大きなものは、増税というかたちになっていると思われます。それはなぜかというと、やはり小規模宅地の特例は、減額割合が通常評価した価額の50%であったり、80%であったりして、相当に減額されていること、そうすると、この小規模宅地の特例をある意味では、悪用という言い方はよくありませんが、節税スキームとしてこの制度が使われているというようなことが巷でうわさされていて、それは本来の制度趣旨にそぐわないのではないのかと。

具体的には、この小規模宅地の特例は、やはり相当高額な相続税を納めなければならないことになってしまうと、例えば、従来住んでいた方の親族や相続人がそれを手放さなければならない状況に陥りますし、また、従来経営をしていた事業についても、これを廃止ししなければならないといった事態になり兼ねないことから、それらを回避するために、被相続人が亡くなる前と同じように使っていただく場合には、その価格を安く評価しましょうという趣旨のものです。

小規模宅地の特例の減額割合は、80%、50%と大きいことから、この特例を受けるための法律の要件を満たすようかたちを整え、本来の趣旨にそぐわない事例について、この小規模宅地の特例が使われていることがあります。よって、それらの事態を踏まえて、今回の改正は行われたとものと考えられます。

まず、改正点としては3つほどございます。最初にこの38ページをみますと、解説の改正点1で、介護医療院に入院したことにより、被相続人の居住の用に供されなくなった家屋の敷地の用に供されていた宅地についても、相続開始の直前において被相続人の居住の用に供されていたものと見なされます。

・小規模宅地等の特例の見直し①(全体像)　38ページ

まず、介護医療院について、具体的に説明いたします。従来から、長期療養を必要とする患者を入院させるベッドの数が足りないこと、長期療養を必要とする要介護者の介護医療施設が不足するということが、大変問題視されてきました。昨年の6月に介護保険法の改正に関する法律が公布され、それらを埋めるために新たにその転換先として介護医療院を新しく新設するということになりました。もともと、例えば有料老人ホームに入っている者については、本来は有料老人ホームに居住しているわけですから、入所する前に住んでいた家屋は、その老人ホームに入居した者が実際に住んでいる家屋ではありませんから、亡くなった時点で老人ホーム、有料老人ホーム等に入居されていた者については、その所有している従来住んでいた土地家屋について、その土地については小規模宅地の特例は受けられないということになってしまいますが、法律でこれは要介護認定を受けて老人ホームに入る、やむを得ずそこに入らざるを得なくなったというような方については、相続開始のときにおいても、その方は老人ホームではなくて、従来住んでいたその被相続人の所有している家屋の敷地を居住の用に使っていたというふうにみなして、小規模宅地の特例が受けられるという規定になっていましたが、その中にこの新しくできた介護医療院についても同じようにその特例が受けられるということで、ここはある意味では減税の制度ということになるかと思います。

次に、その下の表の右に改正点2と表示されています。この事業用の小規模宅地の特例は、被相続人等の同族会社の事業施設の敷地や被相続人等が事業に使っていた土地について、400平米までは80%減額することができることになっています。

この事業用の小規模宅地の特例には、貸付事業用宅地というのもあります。これは被相続人が貸付事業の用に使っていた施設の敷地については、200平米まで50%減額することができるというものです。

しかし、この貸付事業用宅地が比較的悪用されるケースがあります。具体的には、今まで全く不動産貸付けなんか行ったことがない者が、相続開始する直前に、例えばアパートを建てて、あるいはタワーマンションを購入して、そこを貸付けることで、その土地について減額できるというような制度、具体的な例はのちほどもう少し詳細を説明しますが、そういう悪用する制度について、これを制限しましょうという趣旨で改正がされています。

もう1つ、居住用の小規模宅地に関する改正ですが、改正点の3です。これは、従来持ち家を持っていない、いわゆる家なき子が相続した場合、具体的には、相続開始前3年以内に持ち家を持っていない方が相続した場合には、この小規模宅地の特例を受けられるという制度です。しかし、その条件として、相続する者が自分や配偶者の所有している家屋に住んでいた場合、その方にとっては、既に居住する場所が確保されています。そのため、亡くなった方が住んでいた土地、家屋については、それ自体は、必要のない財産で、仮に、相続したとしても、せいぜい処分してお金を手にするための財産でしかないというようなことになるかと思います。しかし、そういうケースについて、小規模宅地の特例によって80%も減額するのは、やはりだめですよということで、従来は自分がもともと所有していた家屋、あるいは配偶者が所有していた家屋に居住している方について、この特例は受けられないという制度になっていました。これについても悪用されるケースがあるということで、あとで詳しく説明しますが、ここも一部改正になりました。この改正は今年の4月以降の相続または遺贈により取得する財産にかかる相続税について適用されるということになります。

●小規模宅地等の特例の見直し②（貸付事業用宅地）

次のページ、詳細に説明をしていきます。

・小規模宅地等の特例の見直し②（貸付事業用宅地）　39ページ

先ほどの貸付事業用宅地についてですが、39ページ、改正のポイントというところに書いてあります。一時的に現金を都内のタワーマンション等の不動産に変えて、これを貸付けることによってこの特例を適用して相続税の負担の軽減を図ろうというようなケース、あるいは、自ら所有している土地に必要もないのという言い方はよくないかもしれませんが、アパートの建築をして、そこを小規模宅地の特例を受けるというようなケースが、やはり問題視されています。

具体的に問題となったケースとして表に、図に書いてありますが、亡くなる前に1億円のお金で駐車場を購入しましたと。従来、1億円持っていたわけですから、そのまま相続が開始すれば、その1億円の現金あるいは預金が相続税の課税対象になります。しかし、これを1億円の土地を購入して駐車場にし、それを駐車場として使用することによって、まず1つは土地を購入することによって、購入すれば土地の価格は、おそらく相続税評価額は通常の地価よりも下回る。一般的に国税庁は、相続税評価額は公示価格水準の約8割程度で評価していますということですから、1億円の現金で土地を購入した場合、その土地の評価額は80%ということですから8000万円で評価することができる。さらにこれを駐車場として事業をすることによって、200平米までは50%減額されるということですので、例えば購入した土地の面積が200平米であれば、1億円のお金が土地を購入することにより8000万円になり、さらにそれを小規模宅地の特例を受けることによって4000万円で評価することができると。そうすると、もともと持っていた1億円のお金が4000万円になって6000万円の相続財産が圧縮される。相続後にこの土地を売ってお金に戻すということになると、当然、これを悪用することによる、悪用するという言い方がふさわしいかどうかはありますが、租税回避行為として、このような方法をとることによって、本来の趣旨である被相続人やその親族の事業に必要な土地は安くしましょうというものとは全く違った、相続税を安くするためだけの事業に使うということになりますので、このようなケースについて特例を適用するのはふさわしくないだろうということで、改正としては、まず相続開始前3年以内に貸付けを開始した不動産については、この特例の対象から除外されるということになります。ですから、亡くなる直前に慌ててこういう行為をすると、それはだめですよということになります。従来は、これもOKでしたが、今回の平成30年度の改正によってこのメリットは受けられなくなります。ただ、もともと不動産を貸付けるような仕事を行っていた、言い換えれば、事業的な規模で不動産貸付けを行っている者が追加でそのようなものを購入したというようなケースは、その特例の提供を受けるためだけではないというふうに判断して、今までどおり特例の対象になります。

ではもともと事業規模で貸付けを行っていたかどうかということについては、その下にあります。40ページの事業規模で貸付けを行っている者ということで、原則として事業規模というのはいわゆる5棟10室基準ということでアパートであれば10室以上、それから貸家であれば5棟以上持って不動産貸付業としてもともとやっている方は、その追加で購入したものも貸付事業用宅地の特例が受けられます。ただ、今まで貸付け等を全くやっていない方が慌てて相続税対策のためにやったような場合には、この特例は受けられないということです。

・小規模宅地等の特例の見直し②（貸付事業用宅地）　40ページ

具体的には亡くなった日から遡って3年間ということですので、この40ページの事業規模で貸付けを行っていた者の時系列で表示した図がありますが、この特例は平成30年の4月1日以降ですから、例えば平成30年の4月1日に相続が開始した場合、そこから3年遡って平成27年の4月1日以降に慌てて貸付けを開始したようなものは、原則としてこの特例の対象から除かれるということになります（ただし、平成30年3

月31日までに貸付事業の用に供された宅地等については経過措置があります)。

●小規模宅地等の特例の見直し③(3年内家なき子)

次に3年内家なき子についてです。

今度は居住用の小規模宅地の特例ですが、持ち家に居住していない者について被相続人が居住の用に供していた場合に、それを相続した場合であっても、家がなければ、おそらくその被相続人が住んでいたところに戻るだろうという前提で、持ち家を有していない者であってもそこを相続すれば、その特例が受けられるというものです。

その要件としては、41ページの改正点3の3年内家なき子の要件の改正前のところにあるとおり、被相続人に配偶者及び同居の法定相続人がいないということなので、一般的には被相続人が一人住まいをしているようなケースで、それから相続開始前3年以内に配偶者の所有する家屋だとか、その人の所有する家屋に居住したことがないということ、さらに相続開始後、相続の申告期限までは10カ月ですが、そこまで保有していればこの特例が受けられる。

・小規模宅地等の特例の見直し③(3年家なき子)　41ページ

ですから、言い換えれば、被相続人が一人住まいをしているような者で、その被相続人の所有している居住用の土地家屋をアパート住まいしている相続人が相続をして、相続開始後10カ月間保有していて、その後売却してしまっても、この小規模宅地の特例が受けられることになります。

さらには、これは小規模宅地の特例で居住用の特例ですから、330平米までは8割減額になるということになります。したがって、この特例は相当の節税になるということになりますが、今回の改正によって従来のその者が所有している家屋、あるいは配偶者の所有している家屋に居住したことがないことという条件が、相続開始前3年以内にその者の3親等内の親族、またはその者と特別な関係のある法人が有する国内にある家屋に居住したことがある者は除かれることとなります。

さらに言えば、相続開始時において、居住していた家屋を過去にその者が所有していたケースがある場合には、これも除かれることとなりました。具体的には、改正前は、自分が持ち家を持っているとこの特例が受けられないため、この特例を受けるために、持っている持ち家を相続開始前3年より前に処分をして、そしてそのあと引き続きそこに住んでいて、相続が開始すると、3年以内に自己の所有する家屋に住んでいないということになりますので、従来の制度であれば特例が受けられましたが、今回の改正は、そのような画策をしてもだめですよということになりました。

具体的に問題となったケースをご紹介いたします。母親が一人住まいでいた家屋は、これを相続をした長男が5年前は持っていました。それを持っていると、やはり特例が受けられなくなるので、その自宅を自分の子である孫に一旦売却をして、引き続きそこに住んでいるというようなケースです。従来は、小規模宅地等の特例が受けられました。この特例を受けることによって、ここにも書いてあるとおり、母親の敷地面積330平米で評価額8,000万円であれば、330平米までは80％減額できるので、1,600万円で評価されることになりました。しかし、それは今回の改正によって、過去にその家屋を所有していた場合には受けられなくなりましたので、ある意味でこの特例を法律にしたがって適用できるように悪用したケースについては、これは認めないという改正と考えていいのかと思います。一応、小規模宅地についての家なき子の特例はやはり問題があるということで、従来からいろいろ問題視されていましたが、そこが今回の改正で整理されたというふうに理解していただければよいかと思います。

この特例は、今年の4月1日以降開始する相続、贈与について適用されるということになります（ただし、平成32年3月31日までの相続（遺贈）については、経過措置があります）。

●一般社団法人等に関する贈与税・相続税の見直し

平成30年度税制改正で一般社団法人及び一般財団法人に対する贈与税及び相続税が見直されました。

■一般社団法人等を使った相続税の回避とは

一般社団法人等が保有する財産は、相続税の課税対象とならないことから、個人の財産を一般社団法人等へ移転し、その一般社団法人等を子や孫が実質的に支配することによって相続税を逃れるという手法です。

例えば一般社団法人を設立し、そこへ親が持っている株式や賃貸不動産を移転します。すると親が亡くなった場合の相続財産が減る上に、親の生前の配当収入や賃料収入も一族が支配する一般社団法人へ入るため、親の財産の増加を抑えることができます。

法律上財産の所有権は手放すことになりますが、設立した一般社団法人の代表権を有する理事に就任することで事実上の財産への支配と受益は継続することができます。

また、親族を理事等に就任させることによって給与を支給することもできますし、いずれかのタイミングで代表権を有する理事を交代し、実行支配権を子や孫へ引き継ぐことも可能です。

法人へ財産移転する際には譲渡所得税などが課税されますが、子や孫への相続税・贈与税をまったく納付せずに実質的な財産の相続・贈与、事業承継を行うことができます。

これが一般社団法人等を利用した相続税・贈与税の回避の仕組みです。

■相続税を納付せずにすむ理由

一般社団法人等は平成20年12月施行の「一般社団法人及び一般財団法人に関する法律」に基づき設立される新形態の法人ですが、一般社団法人等の社員や理事として実効支配権を持つ者が亡くなっても相続税が課税されなかったのは、次のような理由からでした。

一般社団法人等は、株式会社等と異なり①出資者がいない②登記手続きだけで設立できる③事業目的に制限がない④かつての公益法人等のような主務官庁の確認が不要、といった特徴があり、また、設立の際の法人登記手数料が6万円と安価で年間1万件近い新規設立があります。

一般社団法人等には株式会社のような持分という概念はありません。

一般社団法人等の定款に社員に剰余金又は残余財産の分配を受ける権利を与える等の定めを置いても、その効力がないため（一般社団法11②）一般社団法人等が所有する財産は一般社団法人等以外の誰のものでもなく、株式会社の株主に相当する「社員」や株式会社の役員に相当する「理事」になっていても、相続税の課税の根拠がありません。

しかし最終的には一般社団法人等を解散するとき、定款に定めが無い場合には、残余財産は社員総会で決議します。その際、社員に残余財産を取得させることを禁止していません。つまり親族で主要ポストを独占していれば、理事になっている親族の間で実質的な財産の譲渡、事業承継ができるのです。

このように一般社団法人等を経由して租税回避ができてしまうことが問題視されており、今回、次のような贈与税及び相続税の見直しが行われました。

■平成30年度の一般社団法人等に対する贈与税の改正

一般社団法人等へ贈与した場合の課税要件が明確化されました。

・*一般社団法人等に関する贈与税等の見直し　42ページ*

これまでも個人から一般社団法人等へ贈与等があった場合、法人を個人とみなして贈与税や相続税が課税されるという規定がありましたが、その要件が実務上、明確でなかったため今回の改正で課税する要件の明確化が図られました。

○一般社団法人等に贈与税が課税される4つの基準

個人から一般社団法人や一般財団法人など持分の定めのない法人に対して財産の贈与や遺贈があった場合に、贈与者の親族その他特別関係者の相続税又は贈与税の負担が不当に減少する結果になると認められるときは、その法人を個人とみなして贈与税や相続税（遺贈の場合）を課税する、という規定にはもともと4つの基準があったのですが、その適用の仕方があいまいでした。

そこで今回、4つのうち1つでも基準を満たしていない場合には「贈与税等の負担が不当に減少する結果となると認められる場合」として贈与税を課税することが明文化されたのです。

次が4つの基準です。

（1）「役員等に占める親族等の割合が、3分の1以下である」という趣旨の定めが、定款に記載されていること

（2）その法人に財産の贈与や遺贈をした者、またはその者の親族等に対して、特別

の利益を与えないこと

（3） その定款等の中で、「その法人が解散した場合、その残余財産は国等に帰属する」という趣旨の定めが記載されていること

（4） その法人の運営組織が適正である（仮装・隠蔽の事実がない）こと

※この規定は、平成30年４月1日以後に贈与又は遺贈により取得した財産に係る相続税又は贈与税について適用になります。

■平成30年度の一般社団法人等に対する相続税の改正

特定の一般社団法人に相続税が課税されるようになりました。

・特定の一般社団法人等に関する相続税の見直し　43ページ

一定の要件に該当する一般社団法人等について、その理事等が亡くなった場合には、一般社団法人等に対して相続税が課税されることになりました。

○相続税のかかる一定の要件に該当する一般社団法人等とは

「特定一般社団法人等」と呼ばれ、一定の要件は次のいずれかの条件に該当した場合です。

（1） 相続開始直前において同族役員数が役員数の2分の1を超えること

（2） 相続開始前5年間において、同族役員数が役員数の2分の1を超える期間の合計が3年以上であること

※相続開始直前に同族役員が過半数を超えていなくても、過去5年間遡って、過半数を超えている期間が3年以上ある場合には、同族である理事が亡くなると相続税がかかります。

○「同族役員」とは

具体的には次の者です。

（1） 被相続人（死亡した本人）

（2） 被相続人の配偶者（夫又は妻）

（3） 被相続人の3親等以内の親族（親・子・祖父母・孫・兄弟姉妹・曽祖父母・曾孫・おじ・おば・甥・姪）

（4）　被相続人と特殊な関係のある者（被相続人が役員となっている会社の従業員等）

※親族だけでなく、関係会社の従業員等も「同族役員」に含まれるという点は注意が必要です。

〇相続税はどこまでの財産にかかるのか

相続税は、一般社団法人等の全ての所有財産に課税されるのではなく、同族役員の人数で割った部分（一般社団法人等の純資産額／同族役員数）にかかります。

例えば、

（1）　純資産額が2億円

（2）　同族役員数5名のうち1人が亡くなったときは

2億円／5名 ＝ 4,000万円が相続税の対象となります。

※相続税の対象となるのは、一般社団法人等の持っている「資産額」全体ではなく、あくまでも「純資産額」、資産から負債を引いた残額です。

■実務上の留意点

現時点で理事の過半数が親族その他関係者となっている一般社団法人等の同族理事である者は、どの程度が相続財産となってしまうのか注意が必要となります。

改正後も、相続開始直前に同族役員を増員し、課税割合を下げる等、簡単に対策が考えられてしまうため、今後のさらなる規制強化にも注目です。

■本改正の適用時期

本改正は、平成30年4月1日以後の役員死亡に係る相続税について適用となります。

■改正された税法が、適用されるケース

平成30年4月1日より前に設立された一般社団法人等については、平成33年４月１日以後の当該一般社団法人等の役員の死亡に係る相続税について適用します。その際、平成30年３月31日以前の期間は、相続開始前5年間において同族役員数が役員数の２分の１を超える期間の計算に含めないものとします。

わかりやすく言い換えますと、すぐに相続税を課税されるのは平成30年4月1日以後に設立される一般社団法人等だけということです。

以前からすでに存在する一般社団法人等の場合は、平成33年の4月1日まで丸々3年間は適用されません。

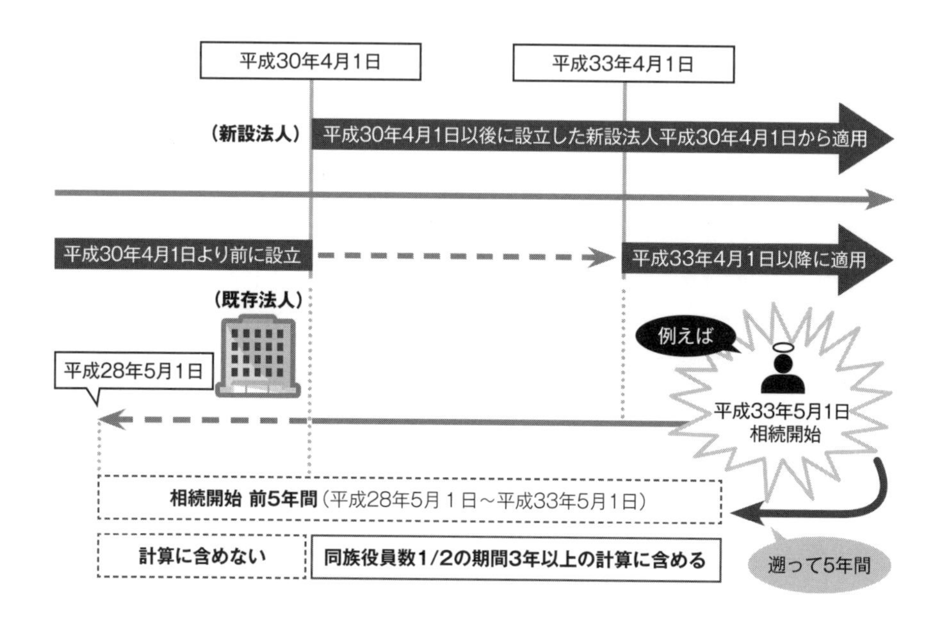

例えば既存法人において役員が平成33年5月1日に亡くなった場合、
平成28年5月1日～平成30年3月31日は、相続開始前５年間において同族役員数が役員数の2分の1を超える期間に含めない。
平成30年4月1日～平成33年5月1日は、同族役員数が役員数の2分の1を超える期間の計算に含める、となります。

第５章

個人所得課税

・個人所得課税の税制改正の概要

・給与所得控除等の見直し①

・給与所得控除等の見直し②

・給与所得控除等の見直し③

・公的年金等控除の見直し

・基礎控除・配偶者控除・扶養控除の見直し（国税・地方税）

辻·本郷 税理士法人　審理室·税理士　　安積 健

第５章　個人所得課税

●個人所得課税の税制改正の概要

個人に関する部分について説明いたします。平成30年度税制改正で今回取り上げる個人に関する改正部分は、給与所得控除、公的年金等控除、そして基礎控除、この3つに関する改正について説明をしていきます。

給与所得者、公的年金所得者に関しましては、従来、いわゆる概算経費というものが認められてきました。この概算経費とは何かというと、給与収入、あるいは年金収入、それに基づきましてその収入の一定割合だけ必要経費を認める。これが給与の場合、給与所得控除、年金の場合は、公的年金等控除というものになります。こういったかたちで収入の一定割合だけ必要経費を認める､これを概算経費と呼ばれています。

不動産所得者、あるいは個人事業者の場合、いわゆる実額、実際にかかった経費、これしか必要経費は認められませんが、給与所得者なり年金所得者の場合には、このような概算経費というものは従来から広く認められてきました。この概算経費に関しましては、一部でちょっと優遇しすぎではないかという議論もあったようで、今回の平成30年度改正はそういった議論を踏まえての改正かと思われます。

それでは、実際の中身の方をみていきます。

●給与所得控除等の見直し①

まずは、給与所得控除の改正からみていきます。

資料56ページ以降に給与所得控除の改正についてまとめてあります。

・*給与所得控除等の見直し①　56ページ*

給与所得控除の改正点として、ポイントは2点あります。まず1点目、これは給与所得控除が一律10万円引き下げられます。控除が一律10万引き下がる。つまり、必要経費が10万円下がるということになるため、給与所得は10万円上がることになります。ここだけをみると、給与所得が上がるので増税ということになりますが、このあとみますように基礎控除が10万円引き上げられます。したがって、給与所得控除が10万円下げられても、結果としては改正の影響はない、つまり、プラスマイナスゼロ、増減ゼロという改正内容になります。

今回、給与所得控除の見直しで実際増税になる方は二つ目のポイントです。ある程度の高額所得者の方に関しては、改正によって増税になります。高額所得者かどうかの分岐点は、給与の場合は年収が850万、年収が850万を超える方に関しては、結果として増税になります。つまり、基礎控除は等しく10万円引き上げられますが、基礎控除の10万円引き上げ、それ以上に給与所得控除が減額される、つまり給与所得が増えるということになるため、結果として、課税対象となる部分が増えます。

給与所得者についてまとめますと、年収が850万以下の方に関しましては、プラスマイナスゼロ、つまり今回の改正で増減なしということです。一方、年収が850万円を超える方に関しては、基本的には増税になります。

ただし、この年収が850万円を超える方は基本的には増税ですが、その場合でも、例えば扶養親族がいる、あるいは特別障害者がいる、そういった場合には、その増税分を打ち消すような調整も加えられることになっています。

●給与所得控除等の見直し②

資料の57ページに実務上の留意点が書いてありますが、扶養親族がいる場合、あるいは特別障害をお持ちの方がいるような場合には調整控除という措置が加えられるため、結果として増減ゼロとなるような改正も施されています。

・給与所得控除等の見直し②57ページ

●給与所得控除等の見直し③

この辺の内容を具体的な数値例でみたものが資料58ページ目です。

・*給与所得控除等の見直し③　58ページ*

58ページをみていくと、年収に応じていくつかの場合分けがされています。一番左側をみると、年収が850万のケースが書いてあります。この場合、給与所得控除は10万円下がります。したがって、給与所得は10万円上がります。しかしながら、同時に基礎控除も10万円引き上げられますため、結果として先ほどもふれたとおりプラスマイナスゼロというかたちになります。

一方、850万円を超えますと、基本的に、増税となります。そのすぐ右に書いてあるのが年収900万の方。年収900万の方に関しては、給与所得控除は15万円下がります。したがって給与所得は15万円増加します。一方で、基礎控除も10万円増えます。したがって、その差額の5万円部分は課税対象となる所得が増えてくる。したがって増税になります。ただし、この場合でも扶養親族がいる、あるいは特別障害をお持ちの方がいるというような場合には、調整控除として5万円の控除が別途認められることになっています。その結果、本来5万円だけ課税対象が増えるところを、この調整控除で5万円の控除が認められますので、結果としてプラスマイナスゼロというかたちになります。

年収1000万の方の場合をみていきます。年収1000万の方の場合、給与所得控除で25万円下がります。したがって、給与所得は25万円増加します。一方で基礎控除は10万円しか増えませんので、差額の15万円は課税対象となる所得が増えるということで増税になります。ただし、この場合も扶養親族、あるいは特別障害をお持ちの方がいる場合には、調整控除というかたちで15万円の控除が別途認められます。その結果、プラスマイナスゼロというかたちになります。

一方で、一番右側に書いてある年収が3000万、これぐらいの収入になると、このあとまた基礎控除のところでみますが、基礎控除そのものが適用できなくなってしまうことになります。具体的には、年収3000万の方の場合ですと、給与所得控除そのものは25万円下がります。したがって、給与所得は25万円増加する。一方で、基礎控除ですが、基礎控除そのものが適用できなくなってしまいます。そうすると、改正前は38万の基礎控除がありましたが、改正後はそれがそっくり適用できなくなるので、給与所得控除の減額25万、それから基礎控除が適用できなくなるその部分38万、合計で63万、改正前と比べまして課税対象となる部分が増えてしまう。ただし、この場合であっても、先ほど来指摘しているとおり、扶養親族がいる場合、あるいは特別障害をお持ちの方がいる場合、その場合は若干負担増が緩和されます。それがその下に書いてある調整控除です。3000万の方の場合、15万円の調整控除が入るため、63万ではなくて、63万から15万を引いた48万円の増額になり、その増額の幅が若干緩和されます。ただし、基礎控除そのものがなくなるという部分に関しては、増税が残るという点には注意をしていただきたいと思います。

給与所得に関する改正は以上でございます。

●公的年金等控除の見直し

続いて公的年金等控除に関する改正をみていきます。資料の59・60ページです。

・公的年金等控除の見直し①②　59・60ページ

改正点としては大きく3つになります。まず一つ目、こちらは先ほどみました給与所得控除と同じく、公的年金控除に関しても一律10万引き下がります。したがって、ここだけみれば、公的年金にかかる所得、雑所得になりますが、この雑所得が10万円上がることになりますので、増税ということになります。しかし同時に基礎控除も10万円引き上げられるため、結果としてはプラスマイナスゼロ、増減なしというかたちになります。

年金所得者の方で増税になってくる方は、二番目以降の改正の影響がある方です。二番目には、年金の年収が1000万円を超える方、その方に関しては公的年金控除の上限が設けられる、そういう改正内容があります。

給与所得者に関しては、平成24年度までは給与所得控除の上限がありませんしたが、平成25年度以降は上限が設けられています。それに対して、公的年金控除に関しては、実は上限はありませんでした。それが今回の見直し、平成30年度の改正でもって初めて公的年金控除に関しても上限が設けられる。その分岐点が、公的年金の年収で1000万円を超えると上限が設けられるということになります。

それから、三番目、四番目ですが、こちらは年金以外の所得、年金以外にたくさんの所得がある場合には、さらに公的年金控除が減額されるという内容です。具体的には年金以外の所得が年間で1000万円を超えた場合、先述の一律10万円公的年金控除が下がることを述べましたが､それにプラス10万円公的年金控除が下がる｡つまり、合計で20万円公的年金控除が下がるというかたちになります。

さらに、年金以外の所得が年間で2000万円を超えることになる場合、さらに10万円公的年金控除が引き下がる。合計として30万公的年金控除が下がります。したがって、この資料59ページの②、③、④について影響のある方は結果として増税になります。①だけでは、増減なしということですけが、②以降の改正項目、これについて影響がある方に関しましては、増税になってくるということです。

公的年金に関する改正は以上です。

●基礎控除・配偶者控除・扶養控除の見直し（国税・地方税）

続いて、基礎控除に関する改正をみていきます。資料の61・62ページです。

・基礎控除・配偶者控除・扶養控除の見直し（国税・地方税）　61・62ページ

61ページが国税に関する内容､62ページが地方税に関する内容です｡61ページの国税に関する内容で、向かって左側に基礎控除の見直しイメージという簡単な図表が載っています。そちらをご覧ください。国税、所得税では従来から基礎控除が一律38万円認められてきました。これが今回の平成30年度改正により､48万円に10万円一律引き上げられます。これは先ほど来、給与所得控除や公的年金等控除のところで述べてきたことですが、実は改正内容はそれだけではありません。

この基礎控除ですが、従来、一律でした。それが改正後は、所得がある程度を超えた場合、基礎控除そのものが減額になっていきます。そして、ある一定限度を超えると、もうそこからは基礎控除は一切取れなくなるという改正内容も入っています。具体的には年間の所得が2400万までであれば一律48万円の控除ができます｡2400万円を超えた段階でその減額が、基礎控除の金額が逓減していくというかたちになります。さらに年間の所得が2500万を超えた時点で一切基礎控除が適用できなくなり、基礎控除ゼロということになります。

このように、基礎控除は従来一律でしたが、所得に応じて逓減し、最終的には基礎控除は一切取れなくなってしまう、こういった改正内容が盛り込まれているので注意をしていただきたいと思います。

地方税に関しましても、同様の改正がされております。

以上、給与所得控除、公的年金控除、そして基礎控除に関する改正内容は所得税に関しては平成32年分以降、個人住民税に関しましては平成33年度分以降に改正内容が適用されます。改正時期に関しましてもご注意をいただきたいと思います。

個人に関する改正内容は以上で終わりたいと思います。

資料編

平成30年度税制改正のポイント

1．法人課税

（1） 所得拡大促進税制
・（大法人の場合）：概要・イメージ
・（中小企業者等の場合）：概要・イメージ
・賃上げ要件・継続雇用者の定義①②

（2） 情報連携投資等の促進に係る税制（IoT投資減税）の創設

（3） 租税特別措置の適用要件の見直し

（4） 中小企業の投資を後押しする大胆な固定資産税の特例：
概要・対比・参考

（5） 組織再編税制：適格要件の緩和①②

（6） 特別事業再編を行う場合の株式譲渡に係る所得計算の特例

（7） 法人課税　延長（交際費・繰戻還付・少額減価償却資産）

（8） 法人税における収益の認識等について①②③

（1）所得拡大促進税制（大法人の場合）：概要

増税　減税

改正のポイント

賃上げ及び設備投資に取り組む企業に対し、所得拡大促進税制の支援措置を強化するため、下記の改正が行われます。

※大法人（資本金1億円超の法人など）を対象（事業税の付加価値割の課税標準額の調整についても同様の要件となる）。

解説

<table>
<tr><td colspan="3"></td><td>【改正前】</td><td colspan="3">【改正後】</td></tr>
<tr><td rowspan="4">【要件】（全て満たすこと）</td><td rowspan="3">賃上げ</td><td>①</td><td>雇用者給与等支給額が
基準事業年度（平成24年度）から増加
（給与総額：当年≧基準年×105%）</td><td colspan="3">基準年度との比較要件は撤廃</td></tr>
<tr><td>②</td><td>雇用者給与等支給額が
前事業年度以上
（給与総額：当年≧前年）</td><td colspan="3">雇用者給与等支給額が前事業年度超
（給与総額：当年＞前年）</td></tr>
<tr><td>③</td><td>平均給与等支給額が
前事業年度から2%以上増加
（平均給与：当年≧前年×102%）</td><td colspan="3">平均給与等支給額が
前事業年度から3%以上増加
（平均給与：当年≧前年×103%）</td></tr>
<tr><td colspan="2">設備投資</td><td></td><td colspan="3">国内設備投資額が当期減価償却費の
90%以上
（設備投資額≧減価償却費の9割）</td></tr>
<tr><td colspan="3" rowspan="4">【税額控除額】</td><td rowspan="3">（当年の給与総額▲基準年の給与総額）
×10%
＋
（当年の給与総額▲前年の給与総額）
×2%</td><td>上乗せなし</td><td colspan="2">（当年の給与総額▲前年の給与総額）
×15%</td></tr>
<tr><td rowspan="2">上乗せあり</td><td colspan="2">（当年の給与総額▲前年の給与総額）
×20%</td></tr>
<tr><td>要件</td><td>教育訓練費
≧比較教育訓練費×120%
（教育訓練費が過去2期の
年平均額から20%以上増加）</td></tr>
<tr><td>控除限度額（上限）
法人税額×10%</td><td colspan="3">控除限度額（上限）
法人税額×20%</td></tr>
</table>

適用時期

平成30年4月1日～平成33年3月31日までに開始する各事業年度

(1)所得拡大促進税制(大法人の場合):イメージ

増税 **減税**

出典:経済産業関係　平成30年度税制改正について
:政府広報オンライン「暮らしのお役立ち情報」

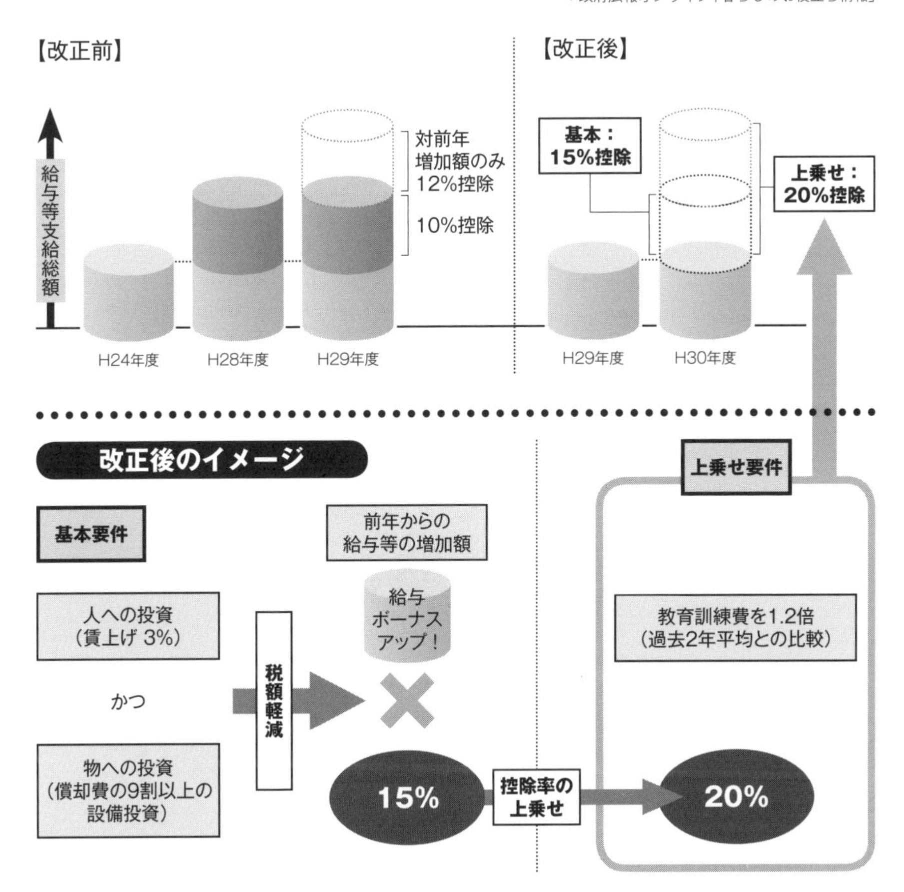

実務上の留意点

前期との差額をベースとして税額控除額の計算が行われます(従前は平成24年度との差額)。
なお、実際の税額控除額は各期の法人税額の20%が上限となります。

（1）所得拡大促進税制（中小企業者等の場合）：概要

増税 減税

改正のポイント

賃上げ及び人材投資に取り組む企業に対し、所得拡大促進税制の支援措置を強化するため、下記の改正が行われます。

※中小企業者等（資本金1億円以下の法人など）を対象（所得税・住民税についても同様）。

解説

<table>
<tr><th></th><th colspan="3">【改正前】</th><th colspan="3">【改正後】</th></tr>
<tr><td rowspan="3">【要件】（全て満たすこと）</td><td colspan="3">雇用者給与等支給額が
基準事業年度（平成24年度）から増加
（給与総額：当年≧基準年×103%）</td><td colspan="3">基準年度との比較要件は撤廃</td></tr>
<tr><td colspan="3">雇用者給与等支給額が
前事業年度以上
（給与総額：当年≧前年）</td><td colspan="3">雇用者給与等支給額が前事業年度超
（給与総額：当年＞前年）</td></tr>
<tr><td colspan="3">平均給与等支給額が
前事業年度から増加
（平均給与：当年＞前年）</td><td colspan="3">平均給与等支給額が
前事業年度から1.5%以上増加
（平均給与：当年≧前年×101.5%）</td></tr>
<tr><td rowspan="4">【税額控除額】</td><td colspan="3">（当年の給与総額▲基準年の給与総額）
×10%</td><td>上乗せなし</td><td colspan="2">（当年の給与総額▲前年の給与総額）
×15%</td></tr>
<tr><td rowspan="2">上乗せ措置</td><td colspan="2">（当年の給与総額▲前年の給与総額）×12%上乗せ
（基礎部分との合計で（当年の給与総額▲基準年の給与総額）×22%が上限）</td><td rowspan="2">上乗せあり</td><td colspan="2">（当年の給与総額▲前年の給与総額）
×25%</td></tr>
<tr><td>要件</td><td>平均給与が前年より
2%以上増加</td><td>要件</td><td>1. 平均給与が当年 ≧ 前年×102.5%
2. A･Bのいずれかを
満たすこと
A　当年教育訓練費
≧ 前年教育訓練費×110%
B　経営力向上が確実に
行われたものと証明されること</td></tr>
<tr><td colspan="3">控除限度額（上限）　法人税額×20%</td><td colspan="3">控除限度額（上限）　法人税額×20%</td></tr>
</table>

適用時期

平成30年4月1日～平成33年3月31日までに開始する各事業年度

(1)所得拡大促進税制(中小企業者等の場合):イメージ

増税 減税

出典:経済産業関係　平成30年度税制改正について
:政府広報オンライン「暮らしのお役立ち情報」

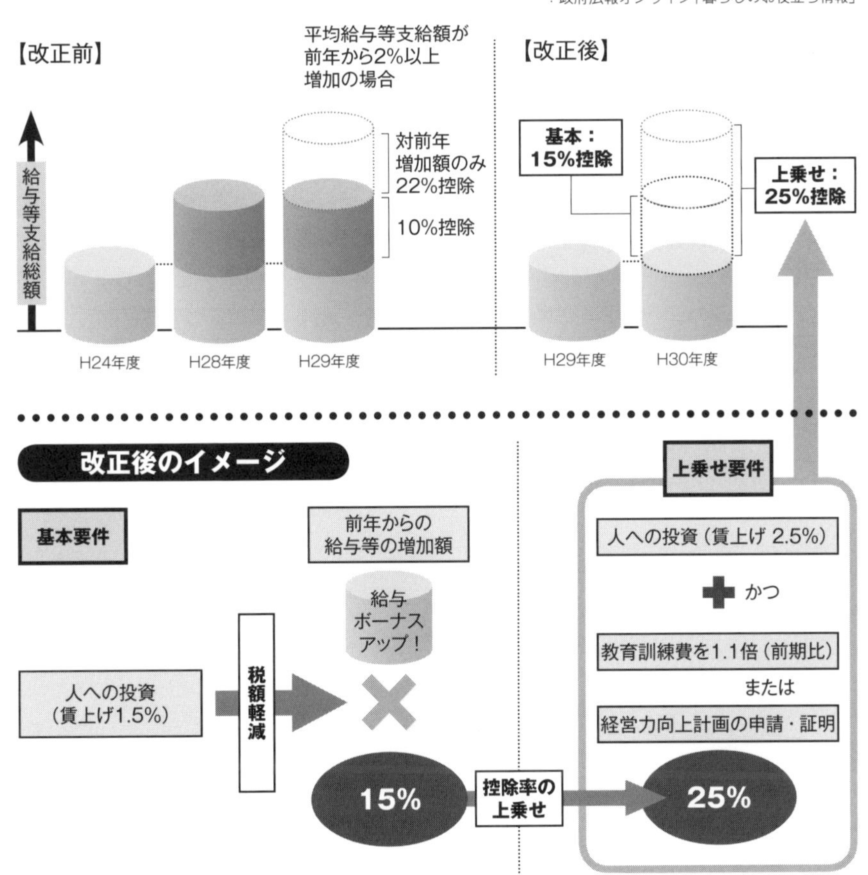

実務上の留意点

前期との差額をベースとして税額控除額の計算が行われます(従前は平成24年度との差額)。
実際の税額控除額は各期の法人税額の20%が上限となります。

（1）所得拡大促進税制：賃上げ要件・継続雇用者の定義①

改正のポイント

※イラスト:政府広報オンライン「暮らしのお役立ち情報」より

今回の税制改正では継続雇用者に対する平均給与増加要件（賃上げ要件）が所得拡大税制以外にも影響が出るようになっています。

解説

【賃上げ要件とは】	【賃上げ要件の基準額】	【イメージ】
継続雇用者に対する 平均給与等支給額が 前期より 一定以上 増加していること	当期及び 前期の全期間の各月において 給与等の支給がある 一定の雇用者 （前期の最初の月から 当期の最後の月まで **全ての月で** **支給がある**従業員） に対する給与等の額	対象：**直近２年間、** **継続勤務している社員** 対象外：役員、役員の親族 （改正前から対象外） **新入社員、退職者** **（改正により対象外）** １人当たり平均給与を基に 判定（改正前） **→給与総額を基に判定** **（改正後）**

継続雇用者に対する賃上げ要件のある規定

- ① 所得拡大促進税制
- ② 情報連携投資等税制（IoT設備投資減税）
- ③ 大企業に対する措置法の適用制限
  - 研究開発税制
  - 地域未来投資促進税制
  - 情報連携投資等税制

実務上の留意点

賃上げ要件が複数の税制に設けられたことで、継続雇用者に対する給与等が税制に与える影響が広がりました。

(1)所得拡大促進税制：賃上げ要件・継続雇用者の定義②

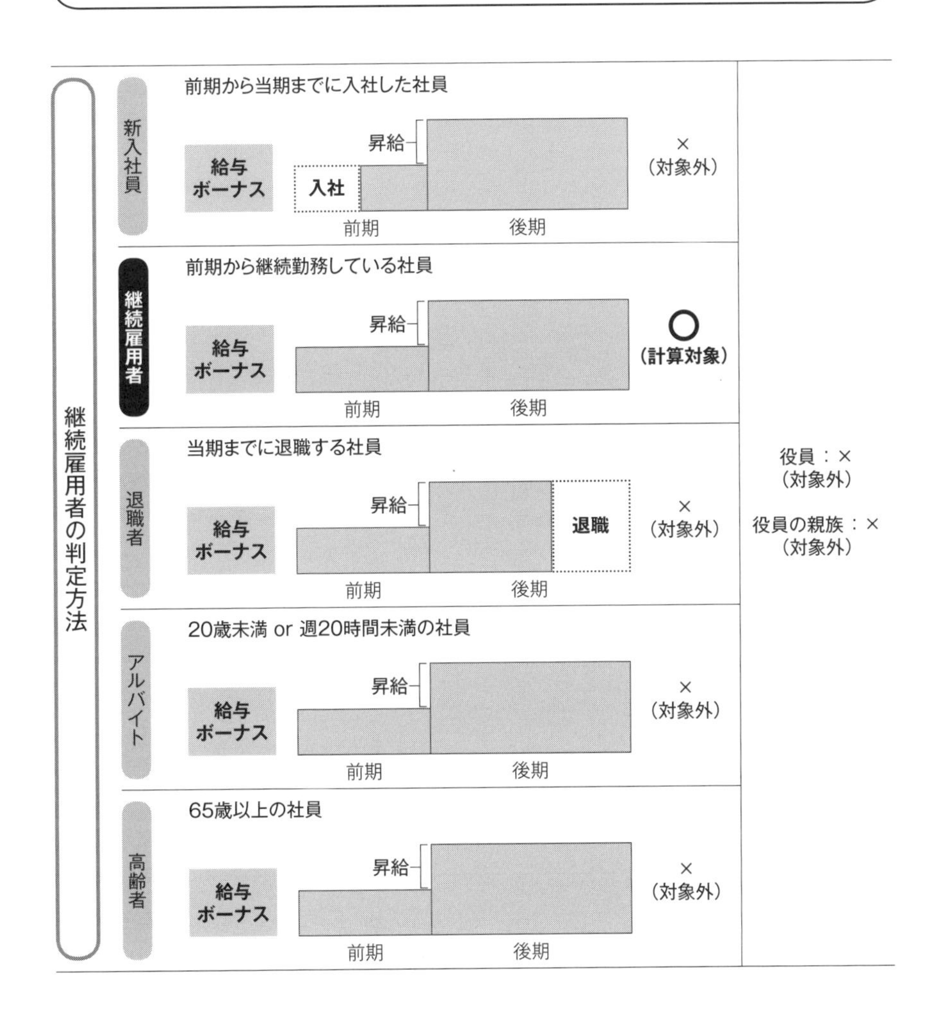

実務上の留意点

賃上げ要件の計算対象となる継続雇用者の範囲はかなり限定されます。
賃上げを行う場合には対象者・金額・税制への影響を検討する必要があります。

(2) 情報連携投資等の促進に係る税制（IoT投資減税）の創設

減税

改正のポイント

一定の生産性を向上させる設備投資について、税制上の優遇措置が創設されます。

解説

適用要件	対象設備	税制措置（選択適用）	
		特別償却	税額控除
【要件1】 ①青色申告書を提出する法人 ②「革新的事業活動による生産性向上の実現のための臨時措置法（仮称）」における革新的データ活用計画（仮称）の認定 ③革新的データ活用計画（仮称）にしたがってソフトウェアを新設又は増設した場合で一定の場合（※1）において、情報連携利活用設備（※2）を取得等をし、事業に供すること 【要件2（上乗せ措置）】 平均給与等支給額の対前年度増加率 ≧ 3%	ソフトウェア 機械装置 器具備品	要件1を 満たす場合： ・取得価額× 30%	要件1、2を 満たす場合： ・取得価額×5% （法人税額の 20%を限度） 要件1のみを 満たす場合： ・取得価額×3% （法人税額の 15%を限度）

（※1）　一定の場合とは、新設又は増設をしたソフトウェア（ともに取得又は制作をした機械装置又は器具備品を含む）の取得価額の合計額が5,000万円以上のものをいいます。

（※2）　上記（※1）のソフトウェア、機械装置及び器具備品をいい、開発研究用資産を除きます。なお、機械装置は、データ連携・利活用の対象となるデータの継続的かつ自動的な収集を行うもの又は データ連携・利活用（※3）による分析を踏まえた生産活動に対する継続的な指示を受けるものに限られます。

（※3）　データの連携・利活用とは、革新的データ活用計画（仮称）に基づく「革新的事業活動による生産性向上の実現のための臨時措置法（仮称）」の革新的データ活用（仮称）のうち次の要件を満たすものをいいます。

① 次のいずれかに該当すること。

イ　他の法人若しくは個人が収集若しくは保有をするデータ又は自らがセンサーを利用して新たに取得するデータを、既存の内部データとあわせて連携し、利活用すること。

ロ　同一の企業グループに属する異なる法人間又は同一の法人の異なる事業所間において、漏えい又は毀損をした場合に競争上不利益が生ずるおそれのあるデータを、
外部ネットワークを通じて連携し、利活用すること。

② 次の全てが行われること。

イ　上記①イ又は①ロの各データの継続的かつ自動的な収集及び一体的な管理

ロ　上記①イ又は①ロの各データ同士の継続的な連携及び分析

ハ　上記②ロの分析を踏まえた生産活動に対する継続的な指示

③ 上記②イからハまでを行うシステムのセキュリティの確保等につきセキュリティの専門家が確認をするものであることその他の要件を満たすこと。

適用時期

「革新的事業活動による生産性向上の実現のための臨時措置法（仮称）」の施行日から平成33年3月31日までの間に、認定された革新的データ活用計画（仮称）に基づき設備投資をし、事業供用した法人に適用されます。

(3) 租税特別措置の適用要件の見直し

改正のポイント

所得が増加しているにも関わらず、賃上げや設備投資に消極的な大企業に対して、一部の優遇税制の適用制限が入ります。

解説

対象：前期より所得が増加している大企業（※1）

下記要件の**いずれにも該当しない場合**

平均給与等支給額（※2） ＞比較平均給与等支給額（※2）	国内設備投資額（※2） ＞減価償却費総額（※2）×10%

人への投資をしない
（賃上げなし）

優遇税制の制限
（下記の３種類のみ）

物への投資をしない
（償却費の10%超の
投資なし）

下記の３種類のみ

研究開発税制	地域未来投資促進税制	情報連携投資等の促進に係る税制
適用できない		

（※1） 大企業とは、中小企業者（適用除外事業者に該当するものを除く）又は農業協同組合等以外の法人をいう。
（※2） 所得拡大促進税制の定義と同様。

適用時期

平成30年4月1日～平成33年3月31日までに開始する各事業年度

(4)中小企業の投資を後押しする大胆な固定資産税の特例：概要

減税

改正のポイント

集中投資期間中(注1)**における中小企業の生産性革命を実現するための臨時・異例の措置として、一定の償却資産に係る固定資産税の特例措置が講じられます。**

解説

○中小企業者等（注2）が、労働生産性を向上させるものとして一定の認定を受けた一定の機械・装置等（注3）を、集中投資期間（注1）中に取得した場合には、**取得後最初の3年間、これらの固定資産税の課税標準を**、価格に**「ゼロ以上1/2以下の範囲内の割合（市町村の条例で定める割合）」を乗じて得た額**とする措置が講じられることとなります。

○以下の要件を満たす設備投資が対象となります。

① 市町村計画に基づき中小企業が実施する設備投資
・中小企業は商工会議所・商工会等と連携し、**設備投資計画を策定**
・企業の設備投資計画が市町村計画に合致するかを**市町村が認定**
② 真に生産性革命を実現するための設備投資
（導入により、労働生産性が年平均３％以上向上する設備投資）
③ 企業の収益向上に直接つながる設備投資
（生産、販売活動等の用に直接供される新たな設備への投資）
※ ②及び③の要件を満たすことにより、**単純な更新投資は除外されます**

○特例率は、３年間、ゼロ以上１／２以下で市町村の条例で定める割合とされます。

○当該特例措置は、集中投資期間（注１）に限定されます。

※平成28年度に創設された現行の中小企業経営強化税制の特例措置については、上記措置の創設に伴い、期限の終了をもって廃止となるため、関係規定は削除されます（削除規定は平成31年４月１日施行）。

(4)中小企業の投資を後押しする大胆な固定資産税の特例：対比

減税

解説

項目	中小企業経営強化税制 （改正前）	中小企業の投資を後押しする 大胆な固定資産税の特例 （改正後）
対象者	中小企業等経営強化法に基づき経営力向上計画の認定を受けた 中小企業者等	先端設備等導入計画の認定を受けた 中小企業者等 （大企業の子会社を除く）（※1）
特典	課税標準を**1/2**とする	課税標準が**「ゼロ～1/2」**に軽減 ※市町村の条例で定める割合
対象設備	機械装置 工具・器具備品 建物附属設備	機械装置 工具・器具備品 建物附属設備 （※1）
申請先	経済産業省	**各市町村**
適用期間 （取得等の時期 ）	平成29年4月1日から **平成31年3月31日まで**	「生産性向上の実現のための臨時措置法（仮称）」の施行日から **平成33年3月31日まで**

（※1） 市町村によって異なる場合あり

実務上の留意点

新設制度は、特例率が「ゼロ～1／2」と幅があることから、投資先の市区町村が条例で定める割合を確認する必要があります。
仮にゼロであれば、現行制度の1/2より、大幅に減税されるため、設備投資を検討中の事業者は、現行制度での法人税等の税制優遇に加え、新設制度の適用を積極的に検討しましょう。
また、固定資産税の減税は法人税等の税制優遇とは異なり、利益が出ていない事業者にとっても税制優遇となります。
設備投資を検討中の事業者にとって、新設制度の適用は幅広く検討の対象となります。

(4)中小企業の投資を後押しする大胆な固定資産税の特例：参考

減税

解説

（注１）「生産性向上の実現のための臨時措置法（仮称）」の施行日から平成33年3月31日までの間

（注２）上記の「中小事業者等」とは、次の法人又は個人をいいます。
ただし、発行済株式の総数の２分の１以上が同一の大規模法人により所有されている法人等を除きます。
① 資本金の額又は出資金の額が１億円以下の法人
② 資本又は出資を有しない法人の場合、常時使用する従業員の数が1,000人以下の法人
③ 常時使用する従業員の数が1,000人以下の個人

（注３）上記の「一定の機械・装置等」とは、次の全てを満たすものとする。
① 旧モデル比で生産性（単位時間当たりの生産量、精度、エネルギー効率等）が年平均１％以上向上するもの
② 次に掲げる資産の区分に応じ、それぞれ次に定める販売開始時期であるもの
イ 機械装置　：10年以内
ロ 測定工具及び検査工具　：５年以内
ハ 器具備品　：６年以内
ニ 建物附属設備　：14年以内
（家屋と一体となって効用を果たすものを除く）
③ 次に掲げる資産の区分に応じ、１台又は１基の取得価額がそれぞれ次に定める額以上であるもの
イ 機械装置　：160万円
ロ 測定工具及び検査工具　：30万円
ハ 器具備品　：30万円
ニ 建物附属設備　：60万円
（家屋と一体となって効用を果たすものを除く）

実務上の留意点

新設制度に合わせて、国側からは、**「ものづくり・商業・サービス補助金」等の予算措置の拡充・重点支援**が検討されており、国･市町村が一体となって、中小企業の生産性向上を強力に後押しする計画です。設備投資を検討中の事業者は、新設制度に加え、補助金申請についても検討の対象となります。

(5) 組織再編税制:適格要件の緩和①

改正のポイント

完全支配関係がある法人間で行われる当初の組織再編成の後に、適格株式分配を行うことが見込まれている場合の当初の組織再編成の適格要件のうち、完全支配関係の継続要件について、その適格株式分配の直前のときまでの関係により判定することとなります。

解説

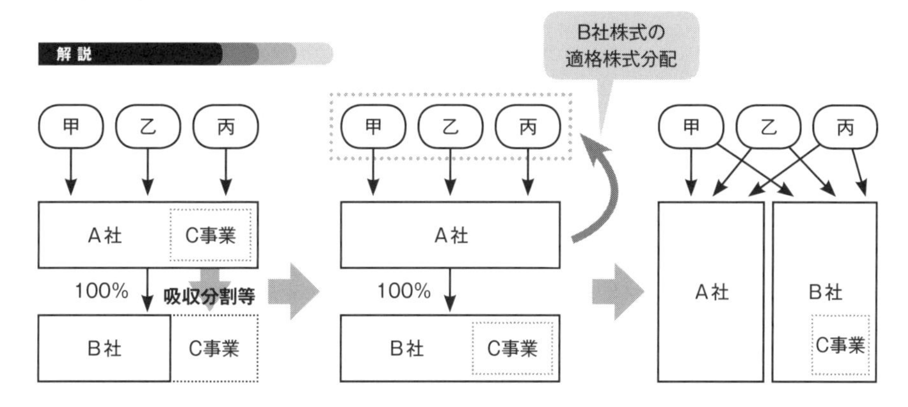

【改正前】	平成29年度税制改正において、単独新設分社型分割（単独新設現物出資を含む）の後に適格株式分配が見込まれる場合、適格株式分配の直前のときまでの関係により、支配継続要件の判定をする改正が行われました。
【改正後】	当初の組織再編（単独新設分社型分割等以外の組織再編行為を含む）の後に適格株式分配を行うことが見込まれる場合についても、適格株式分配の直前のときまでの関係により、支配継続要件を判定することとなります。

適用時期

税制改正大綱に記載なし。

(5) 組織再編税制:適格要件の緩和②

改正のポイント

当初の組織再編成後に、完全支配関係がある法人間で、従業者又は事業を移転する見込みがある場合でも、当初の組織再編成の適格要件のうち、①従業者引継要件及び②事業継続要件を満たすこととされます。

解説

【改正趣旨】 現行制度では、組織再編成後にグループ内で更なる組織再編成が見込まれている場合に適格要件を満たすことができなかったが、本改正で、当初から複数の組織再編成を組み合わせた組織再編の実態を考慮し、適格要件が緩和されます。

〈イメージ図〉

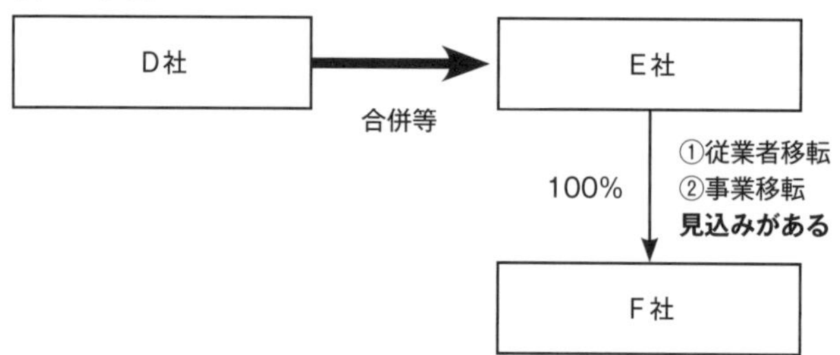

適格要件	【改正前】	【改正後】
適格判定	非適格	適格
①従業者引継要件	合併法人等で概ね80%以上の従業者の引継ぎが見込まれない	完全支配関係がある法人間で概ね80%以上の従業者の引継ぎが見込まれている
②事業継続要件	合併法人等で主要な事業が引き続き行われることが見込まれない	完全支配関係がある法人間で主要な事業が引き続き行われることが見込まれている

(6) 特別事業再編を行う場合の株式譲渡に係る所得計算の特例

減税

改正のポイント

産業競争力強化法の改正を前提として、事業再編の実施の円滑化を図るために、自社株式等を対価とした事業買収について、課税の繰延措置が創設されます。

解説

創設前においては、買収に応じた被買収法人株主（対象法人株主）に対して株式譲渡益（個人の場合には、譲渡所得）への課税が生じていました。創設後は、一定の要件を満たした場合の自社株式等を対価とする買収について、課税が繰り延べられることになります。

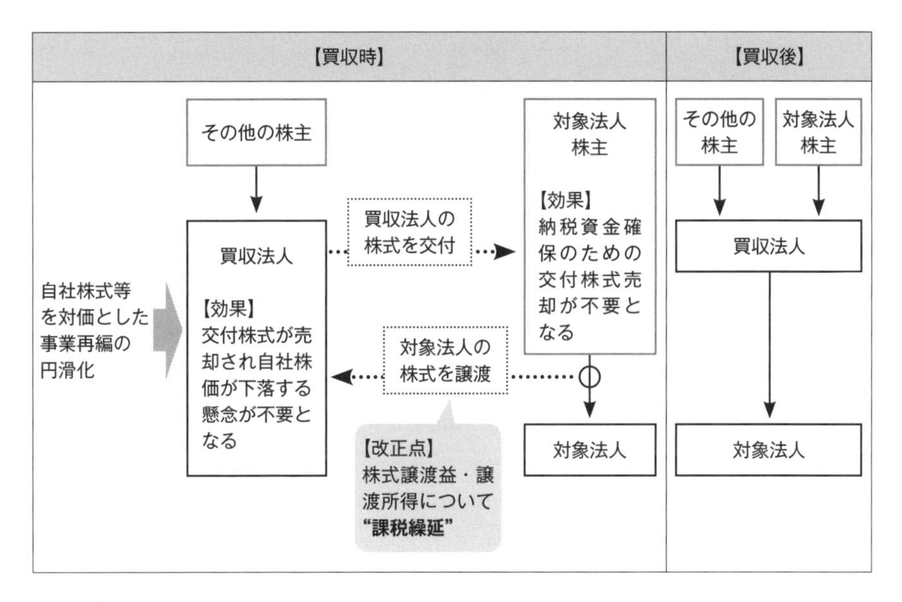

適用時期

産業競争力強化法の改正法の施行の日から平成33年3月31日までの間に、特別事業再編計画（仮称）の認定を受けた法人について適用されます。

参考：経済産業省　平成30年度経済産業関係税制改正について（一部抜粋）

(7) 法人課税　延長（交際費・繰戻還付・少額減価償却資産）

改正のポイント

①交際費等の損金不算入の制度の適用期限が2年延長されます。
②中小企業者の欠損金等以外の欠損金の繰戻しによる還付の不適用制度の適用期限が2年延長されます。
③中小企業者等の少額減価償却資産の取得価額の損金算入の特例が2年延長されます。

解説

① 交際費等の損金不算入の制度の適用期限が2年延長されます。
（制度の内容）
交際費等の額のうち、接待飲食費の額の50%に相当する金額（中小法人が支出する交際費等については、定額控除限度額（年800 万円）までのいずれか）の損金算入が認められます。

② 中小企業者の欠損金等以外の欠損金の繰戻しによる還付の不適用制度の適用期限が2年延長されます。
（制度の内容）
中小企業者以外の法人については、青色申告書である確定申告書を提出する事業年度に欠損金額が生じた場合において、その欠損金額をその事業年度開始の日前1年以内に開始したいずれかの事業年度に繰り戻して法人税額の還付を請求できる制度が停止されています。

③ 中小企業者等の少額減価償却資産の取得価額の損金算入の特例が2年延長されます。
（制度の内容）
常時使用する従業員の数が1,000人以下である中小企業者等が取得価額30万円未満である減価償却資産を取得等し、かつ、事業の用に供した場合において、その取得価額相当額を損金経理したときは、その減価償却資産の年間取得価額の合計額のうち300万円に達するまで、その取得価額に相当する金額を損金算入できます。

適用時期

① 平成32年3月31日までの間に開始する各事業年度
② 平成32年3月31日までの間に終了する各事業年度において生じた欠損金
③ 平成32年3月31日までの間に取得等し、かつ、事業の用に供した減価償却資産

(8) 法人税における収益の認識等について①

改正のポイント

法人税における収益の認識等について、これまで個別の取り扱いは法人税法基本通達で規定されておりましたが、これを通達から法令規定に明確化されます。

解説

① 資産の販売もしくは譲渡又は役務の提供（以下「資産の販売等」という）に係る収益の額として所得の金額の計算上益金の額に算入する金額は、原則として以下の価額とすることが**法令上明確化**されます。

・販売もしくは譲渡をした資産の引渡しのときにおける価額
・提供をした役務につき通常得べき対価の額に相当する金額

貸倒れ又は買戻しの可能性がある場合も、その可能性がないものとした場合の価額

（注）資産の販売等に係る収益の額を実質的な取引の単位に区分して計上できることとするとともに、値引き及び割戻しについて、客観的に見積もられた金額を収益の額から控除することができることとなります。

② 資産の販売等に係る収益認識の額は、原則として以下の事業年度の所得の金額の計算上益金の額に算入することが**法令上明確化**されます。

・目的物の引渡し又は役務の提供の日の属する事業年度

③ 一般に公正妥当と認められる会計処理の基準にしたがって上記②の日に近接する日の属する事業年度の収益の額として経理した場合には、上記②にかかわらず、当該収益の額は、原則として当該事業年度の所得の金額の計算上益金の額に算入することが**法令上明確化**されます。

（8）法人税における収益の認識等について②

増税

改正のポイント

返品調整引当金の制度は、平成33年度から10年間の経過期間を設けて廃止になります。

解説

返品調整引当金は、貸倒引当金と並んで法人税法上規定されている数少ない引当金の1つです。商取引上、返品が前提となっている出版業や医療品製造業等で将来見込まれる返品損失のために返品調整引当金の繰入れが認められています。

【改正前】	【改正後①】	【改正後②】
【対象法人】 ① 出版業 ② 出版に係る取次業 ③ 医療品、農薬、化粧品等の製造業 ④ ③の物品の卸売業	【対象法人】 平成30年4月1日において返品調整引当金制度の対象事業を営む法人 【適用時期】 平成33年3月31日までに開始する各事業年度	【対象法人】 平成30年4月1日において返品調整引当金制度の対象事業を営む法人 【適用時期】 平成33年4月1日から平成42年3月31日までの間に開始する各事業年度
【損金算入限度額】 ・売掛金基準※ or ・売上高基準※ ※上記いずれかの基準を事業年度ごと有利選択	【損金算入限度額】 現行どおり、損金算入限度額による引当が認められます。	【損金算入限度額】 現行法による損金算入限度額に対して1年ごとに1/10ずつ縮小した額の引当が認められる等の経過措置がとられます。

(8) 法人税における収益の認識等について③

増税

改正のポイント

長期割賦販売等に該当する資産の販売等について、延払基準により収益の額及び費用の額を計算する選択制度は、廃止になります。

解説

資産の販売、譲渡、工事（製造を含み、工事進行基準が適用される長期大規模工事を除く）の請負又は役務の提供、建物の賃借権利金の授受等を行い、代金回収が長期にわたるような場合は、延払基準（特例）による売上が認められています。

【改正前】	【改正後】
【対象法人】 長期割賦販売等を行っており、次の要件を満たしていること <経理要件> ①延払基準で経理をすること ②選択適用した譲渡等については毎期継続して適用すること <契約上の要件> ①3回以上に分割して対価の支払を受けること ②賦払金の支払期間が2年以上であること ③頭金の額が、代金の2/3以下であること 【収益・費用の認識】 収益の額 $= \text{長期割賦販売等の対価の額} \times \dfrac{\text{当期に支払期日が到来する賦払金の合計}}{\text{長期割賦販売等の対価の額}}$ ……(A) 費用の額＝長期割賦販売等の原価の額×(A)	【廃止時期】 平成30年4月1日から 【経過措置】 <対象法人> 平成30年4月1日前に長期割賦販売等に該当する資産の販売等を行った法人 <延払基準適用期間> 平成35年3月31日までに開始する各事業年度は現行どおり <廃止後の処理> 平成30年4月1日以後に終了する事業年度において、延払基準の適用をやめた場合の繰延割賦利益額を10年均等で収益計上する等の経過措置がとられます。 （注）ファイナンスリース取引等については、現行どおりとなります。

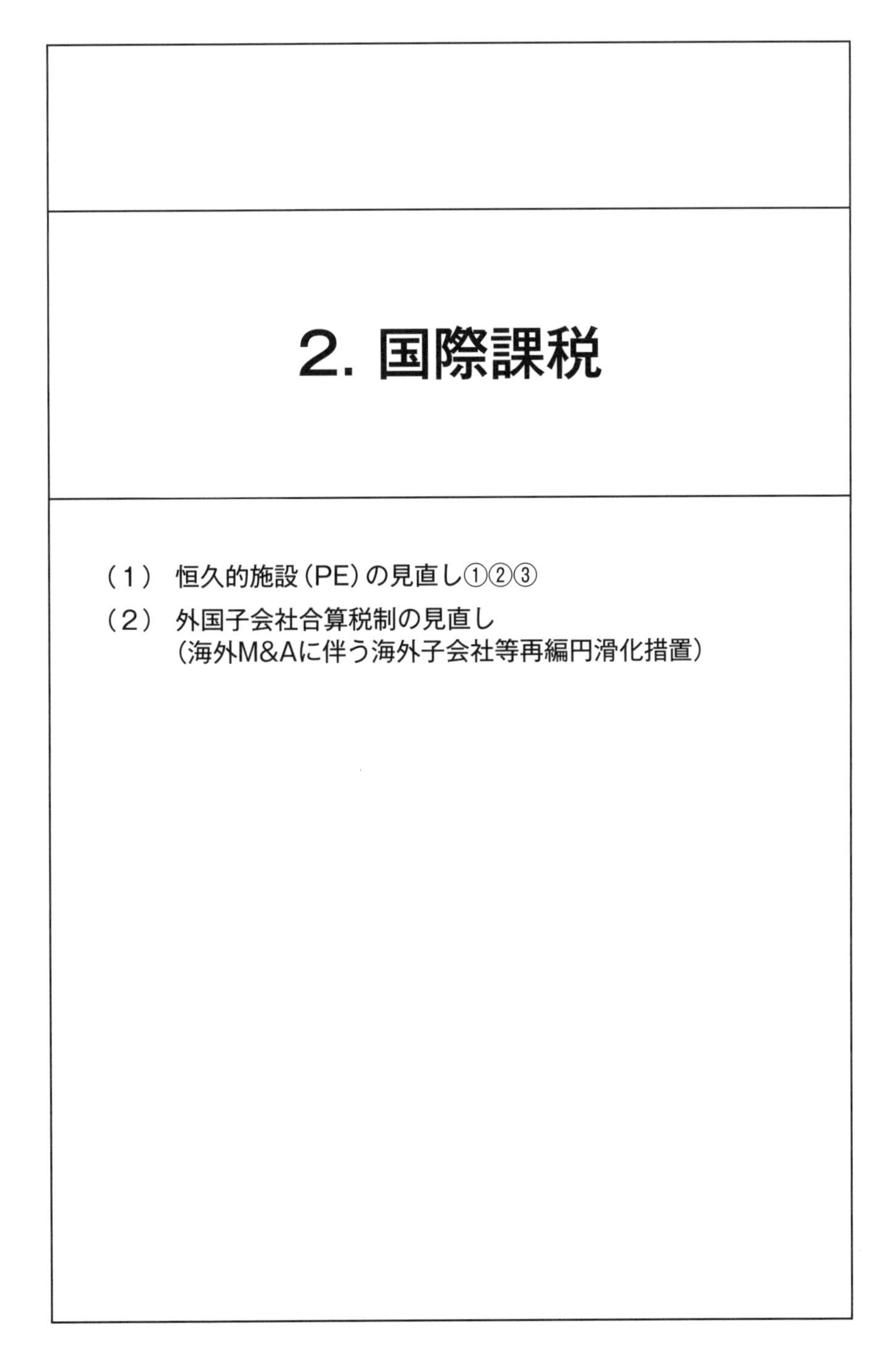

2. 国際課税

（１） 恒久的施設（PE）の見直し①②③

（２） 外国子会社合算税制の見直し
（海外M&Aに伴う海外子会社等再編円滑化措置）

（1）恒久的施設（PE）の見直し①

改正のポイント

企業がPE認定されない活動のみをあえて行うこと等によるPE認定の人為的回避に対処するために、PE認定の人為的回避防止措置が追加されました。

解説

○PE（恒久的施設）とは、事業を行う一定の場所（支店等）をいいます。
例えば、外国企業が日本国内で事業を行う場合、日本国内にその企業のPEがなければ、その企業の事業利得に課税できないことになります。

○租税条約において、国内法のPEと異なる定めがある場合には、その租税条約の適用を受ける非居住者等については、その租税条約のPEを国内法のPEとします。

	【改正前】	【改正後】
建設PE	建設工事現場、又は建設若しくは据え付け工事で12カ月を超えるものをいいます。	PE認定回避を主目的として契約期間を分割した場合には、分割した期間を合計して判定します。

（注）建設PEについては、建設PEを構成する場所を、国内にある建設工事を行う場所等に限定されます。

適用時期

法人税は平成31年1月1日以後開始する事業年度、所得税は平成31年分以後に適用されます。

(1) 恒久的施設(PE)の見直し②

解説

	【改正前】	【改正後】
支店PE	支店、事務所、工場等 ※保管・展示・引渡しなどの特定活動のみを行う場所を除きます。	特定活動のみを行う場所もその活動が外国法人等の事業の遂行にあたり、準備的・補完的な性格のものでない場合には、PEに該当します。

○製品の保管・引渡し業務のみを行う場所を設ける場合

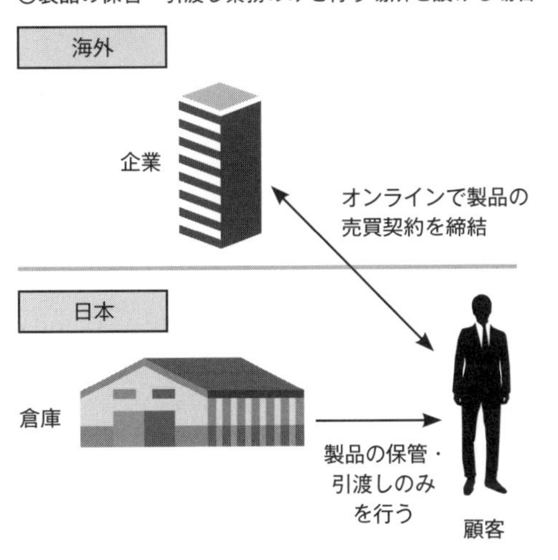

(注) 支店PEについては、その範囲を国内にある支店、事務所等その他の事業を行う一定の場所とされます。

改正前

①企業が日本に支店を設けて製品を販売すると日本にPEを有することになります。

②これに対して、相当数の従業員が勤務する製品の保管・引渡しのみを行うための倉庫を有する場合で、この製品の保管・引渡しが企業の製品販売事業の本質的な部分を構成し、準備的・補助的活動に該当しないときも、倉庫では製品の保管・引渡ししか行われないため、PE認定の例外として、企業は日本にPEを有しないこととなります。

改正後

いかなる活動も、準備的・補完的活動でない場合には、PE認定の例外には該当せず、PEを有することになります。

適用時期

法人税は平成31年1月1日以後開始する事業年度、所得税は平成31年分以後に適用されます。

（1）恒久的施設（PE）の見直し③

解説

	【改正前】	【改正後】
代理人PE	企業に代わって行動する者 ※仲立人、問屋その他の独立の地位を有する代理人を除きます。	①外国法人等の資産の所有権の移転等に関する契約締結に関する業務を行う者が追加されます。 ②独立代理人から、専ら又は主として親会社等に代わって行動する者が除外されます。

○販売委託契約（コミッショネア契約）を締結する場合

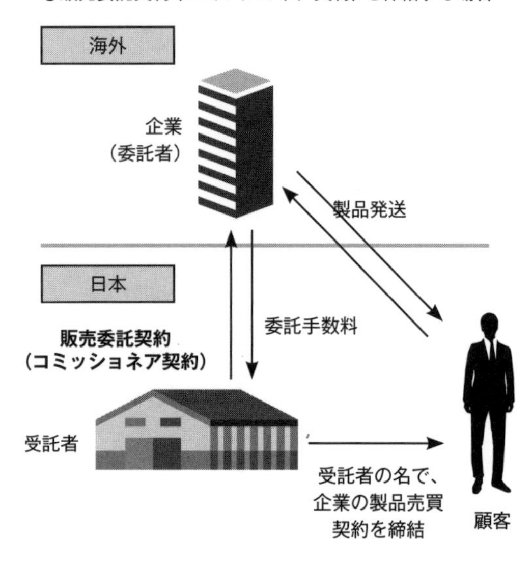

改正前

①企業が日本に代理人を置いて、代理人が企業（本人）の名において企業の製品の販売契約を締結した場合、企業が日本に代理人PEを有することになります。

②これに対して、企業が日本の受託者と販売委託契約を締結し、受託者が受託者の名において企業（委託者）の製品の販売契約を締結すると、代理人PEの要件に該当しないため、企業は日本にPEを有しないこととなります。

改正後

契約類型基準（企業の物品販売等に関する契約）によって代理人PEが認定されます。

適用時期

法人税は平成31年1月1日以後開始する事業年度、所得税は平成31年分以後に適用されます。

(2) 外国子会社合算税制の見直し（海外M&Aに伴う海外子会社等再編円滑化措置）

M&Aによるシナジーの最大化のためには、PMI（買収後経営統合）の一環として、不要なペーパーカンパニー等の解散等グループ内組織再編を行うことも重要です。こうした観点から、ペーパーカンパニー等の整理の際に発生する株式譲渡益に対する課税を見直すこととなります。

改正のポイント

外国子会社合算税制について、M&Aにより傘下に入った特定外国関係会社又は対象外国関係会社（ペーパーカンパニー等）を整理するにあたり、当該ペーパーカンパニー等が有する一定の外国関係会社の株式等を一定期間内に当該ペーパーカンパニー等に係る外国関係会社等に譲渡した場合に、その譲渡により生ずる利益の額を、当該ペーパーカンパニー等の適用対象金額の計算上控除することになります。

解説

X社が米国所在のA社を買収後、A社をX社グループにおける米国の統括拠点とし、A社が保有していた欧州子会社については、X社の従来からの欧州拠点であるY社の直接傘下とする場合

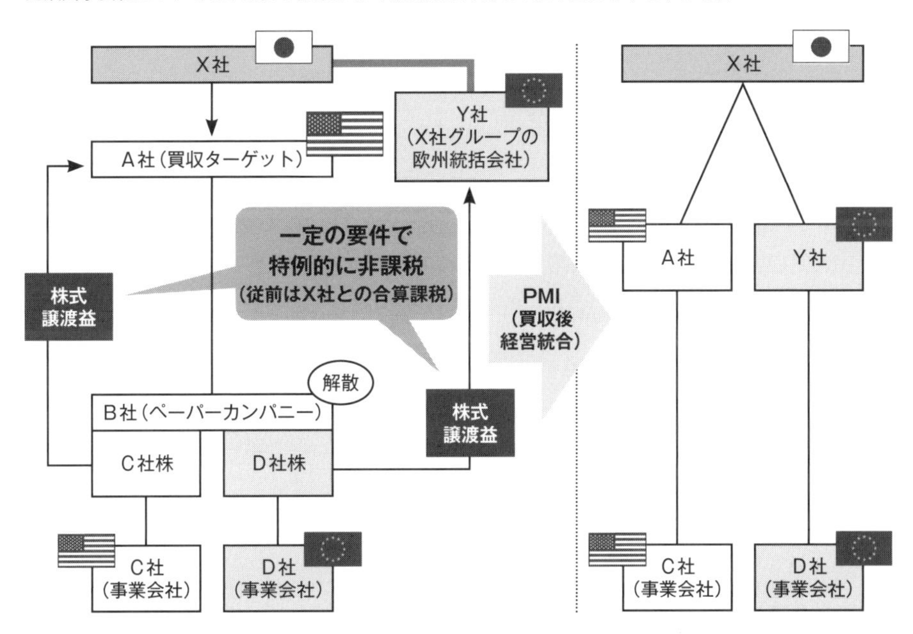

出典：経済産業省

3. 資産課税

（1） 事業承継税制の特例の創設等
・①②③④⑤⑥⑦
・事業承継税制の拡充（全体像）

（2） 小規模宅地等の特例の見直し
・①全体像
・②貸付事業用宅地
・③3年内家なき子

（3） 一般社団法人等に関する贈与税等の見直し

（4） 特定の一般社団法人等に関する相続税の見直し

（5） 特定の美術品に係る相続税の納税猶予制度の創設

（6） 土地の相続登記に対する登録免許税の特例

（7） 不動産税制の適用期限延長：縮減①・縮減②

昨年度以前の税制改正により平成30年から適用される主な事項

（8） 自社株評価の見直し（株式保有特定会社）

（9） 広大地評価の見直し①②③④

（10） タワーマンションに係る課税の見直し①②

（1）事業承継税制の特例の創設等①

減税

改正のポイント

○日本経済の基盤である中小企業の円滑な世代交代を通じた生産性向上を促進すべく、従来の事業承継税制が拡充されます。
○具体的には、納税猶予の対象の株式・猶予割合を100％へ引上げ、雇用確保要件の弾力化、承継パターンの拡大、M&A・合併等の経営環境の変化に対応した減免制度の創設が行われます。

解説

○事業承継税制の各要件が抜本的に改正され、より利用しやすくなります。

内容		【現行制度ー継続】	【改正後】
相続税・贈与税の負担を軽減	猶予対象株式の制限	発行済議決権株式総数の最大3分の2が対象	後継者が取得した株式の全てが対象
	上記株式の納税猶予割合	納税猶予の対象となった株式に係る相続税の80％が猶予対象	納税猶予の対象となった株式に係る相続税の100％が猶予対象（贈与税は従前より全額が対象）
承継パターンの拡大	贈与者・被相続人	代表権を有していた者	代表権を有していた者以外の者も対象
	後継者	同族関係者で過半数の議決権を有する後継者1人	最大3人まで猶予（総議決権数10％以上有する者のみ）
	相続時精算課税の適用範囲	贈与者の直系卑属等	相続人以外の後継者も対象

実務上の留意点

10年間に限定した特例制度の創設で、特例適用には特例承認計画を都道府県に提出する必要があります。

適用時期

平成30年1月1日から平成39年12月31日までの贈与等により取得する財産に係る贈与税又は相続税について適用となります。

(1) 事業承継税制の特例の創設等②

減税

解 説

内容		【改正前】	【特例】
雇用要件の緩和	雇用確保（維持）要件	承継後5年間は平均8割の雇用維持が必要	承継後5年内に平均8割の雇用を下回ったとしても、雇用要件を満たせなかった理由を記載した書類を都道府県に提出すれば引き続き納税猶予は継続される（納税猶予の期限は確定しない）
経営環境変化への対応	譲渡（M&Aなど）・解散・合併等の納税猶予額の減免	会社を譲渡・解散・合併等をした場合は、原則、猶予税額を全額納税	会社を譲渡・解散・合併等をした場合でも、その時点での株式価値を再計算して差額を減免

【事業承継税制の特例を受けるための手続き等】

実務上の留意点

平成30年４月１日から平成35年３月31日までの間に特例承継計画を都道府県に提出した会社であって、中小企業における経営の承継の円滑化法に関する法律第12条第1項の認定を受けた会社が対象となります。

（1）事業承継税制の特例の創設等③

減税

解説

【用語の定義】

①**特例後継者**（仮称）

特例認定承継会社の特例承継計画（仮称）に記載された当該特例認定承継会社の代表権を有する後継者（注1）であって、当該同族関係者のうち、当該特例認定承継会社の議決権を最も多く有する者（注2）

（注1）同族関係者と合わせて当該特例認定承継会社の総議決権の過半数を有する者に限る

（注2）当該特例承継計画に記載された当該後継者が2名又は3名以上の場合には、当該議決数において、それぞれ上位2名又は3名の者（当該総議決権数の10%以上を有する者に限る）

②**特例認定承継会社**（仮称）

平成30年4月1日から平成35年3月31日までの間に特例承継計画を都道府県に提出した会社であって、中小企業における経営の承継の円滑化に関する法律第12条第1項の認定を受けたもの

③**特例承継計画**（仮称）

認定経営革新等支援機関の指導及び助言を受けた特例認定承継会社が作成した計画であって、当該特例認定承継会社の後継者、承継時までの経営見通し等が記載されたもの

（1）事業承継税制の特例の創設等④

減税

解説

○事業承継税制の適用対象者の拡大

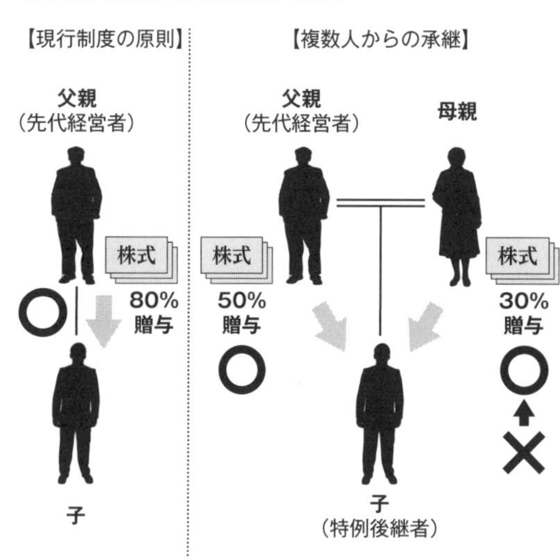

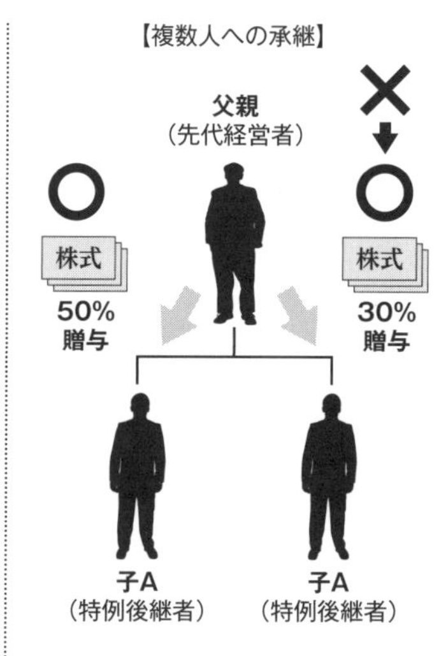

従来は、先代経営者から後継者に対し、1対1の承継のみが適用対象

複数人から特例後継者への承継も適用対象

上記ケースで言えば、父親と母親からの承継時期が異なる場合でも、後継者への贈与・相続があって納税猶予から5年以内は適用対象

複数名（最大3名）への承継も適用対象

代表権を有し、同族関係者と合わせて特例認定承継会社の総議決権の過半数を有し、議決権10%以上を有する上位3名までが要件

実務上の留意点

特例後継者が推定相続人以外の者でも相続時精算課税制度の適用を受けることができるようになったため、上記適用対象者の拡大と合わせて様々なパターンの事業承継が考えられるようになります。

(1) 事業承継税制の特例の創設等⑤

減税

解説

○相続時精算課税の適用範囲の拡大

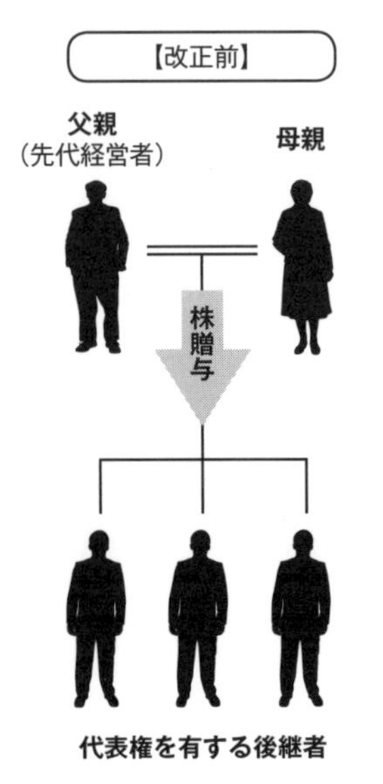

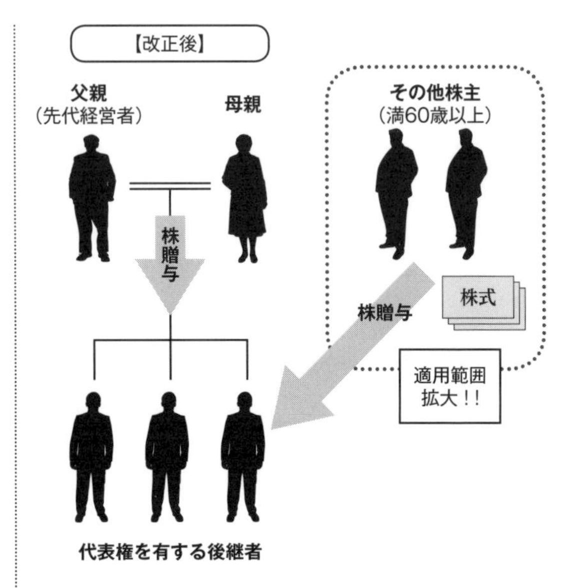

【改正前】	【改正後】
満60歳以上の親又は祖父母から、満20歳以上である子又は孫が対象	現行制度に加えて、満60歳以上の贈与者から、満20歳以上である後継者への贈与も対象（直系卑属への贈与でなくても適用可能）

実務上の留意点

事業承継税制の適用を受ける場合には、相続時精算課税適用対象者の範囲が拡大されより利用しやすくなります。

(1) 事業承継税制の特例の創設等⑥

減税

解説

○雇用要件の見直しについて

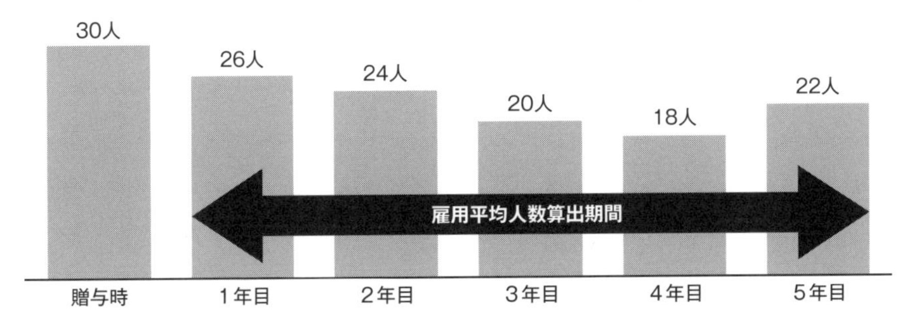

【要件判定】
雇用要件人数：贈与時30人×80%　=　24人
５年平均人数：(26人+24人+20人+18人+22人) ÷5年=22人

【改正前】	【改正後】
24人＞22人　∴要件未達 **⇒猶予が取消、全額納付**	24人＞22人　∴要件未達 **⇒未達理由の報告で猶予継続可能**

実務上の留意点

雇用要件を満たさない場合等は、認定経営革新等支援機関の意見書を都道府県に提出する必要があります。

(1)事業承継税制の特例の創設等⑦

減税

解説

○経営環境変化に対応した贈与税・相続税の減免制度について

現行制度	会社を譲渡(M&Aなど)、解散した場合、猶予されていた相続税・贈与税を全額納付する必要があります。
新制度(案)	会社を譲渡(M&Aなど)、解散した場合には、譲渡・解散等をした時点での相続税評価額等を基に再計算した贈与税額に直前配当等の額※との合計額が当初の納税猶予税額を下回る場合には、その差額が減免されます。

※直前配当等の額
　過去5年間に特例後継者及びその同族関係者に支払われた配当及び過大役員給与

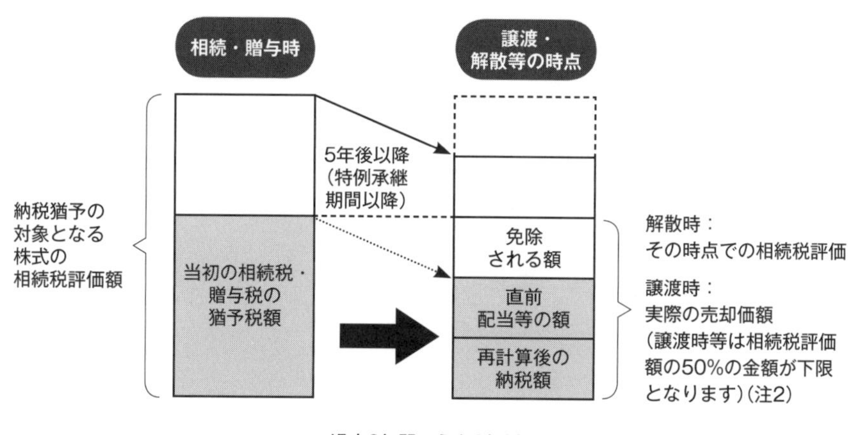

・過去3年間のうち2年以上赤字など(注1)
または
・経営を継続しない特段の理由(譲渡・合併のみ)

(注1) その他、過去3年間のうち2年売上減、有利子負債≧売上の6カ月分以上、類似業種の上場企業株価が前年度から減少のいずれかでも認める。
(注2) 実際の売却価格が5割未満の場合、一旦5割分までを免除し、2年後、譲渡した事業が継続され雇用が半数以上維持されている場合には、残額を減免。

実務上の留意点

相続税・贈与税の負担に対する将来懸念が軽減されます。

(1) 事業承継税制の拡充（全体像）

相続税・
贈与税の
申告期限

【改正後】
会社を譲渡（M&Aなど）・解散した場合には、その時点の株式価値で税額を再計算して差額を減免。

【従来】
会社を譲渡（M&Aなど）・解散した場合には、相続税・贈与税を全額納付。

「中小企業における経営の承継の円滑化法に関する法律」に基づく経済産業大臣の関与

【従来】
発行済株式の議決権数の3分の2に達するまで納税を猶予（相続税は80%に対応する納税を猶予）

［納税期限まで］

経産大臣の認定

会社、
後継者等に
関する要件の
判定

［5年間］

事業の継続
・代表者であること
・特例の対象となる
株式の保有継続

・雇用の8割維持
等

特例の
対象となる
株式等の
保有継続
等

相続：後継者の死亡等
贈与：先代経営者の死亡等

申告・担保提供

要件を満たさなくなった場合

特例の対象となる株式等を譲渡した場合　等

【改正後】
全ての非上場株式について相続税・贈与税の全額の納税を猶予

【改正後】
5年間平均8割の雇用を下回っても一定要件で納税猶予の対象に

猶予税額全額と利子税を納付

譲渡又は贈与した部分の割合に応じた猶予納税と利子税を納付

(2) 小規模宅地等の特例の見直し① (全体像)

増税

改正のポイント

小規模宅地等の特例は、被相続人等の居住の用または事業の用に供されていた宅地について、相続税の課税価格を減額する特例です。居住または事業の継続への配慮という政策目的に沿わない使われ方があるという指摘を踏まえ、要件が見直されます。

解説

改正点1　介護医療院に入所したことにより被相続人の居住の用に供されなくなった家屋の敷地の用に供されていた宅地等についても、相続開始の直前において被相続人の居住の用に供されていたものとみなされます。

		相続開始直前の用途	事業/保有の継続要件	限度面積／減額割合	
事業用	1	特定同族会社事業用	会社の役員である親族が申告期限まで保有し、法人は事業を継続すること	400㎡／80%	
	2	特定事業用	親族が事業を引継いで申告期限まで宅地等を保有	400㎡／80%	
	3	貸付事業用	同上	200㎡／50%	➡ 改正点2

		取得者	居住/保有の継続要件	限度面積／減額割合	
居住用	1	配偶者	なし	330㎡／80%	
	2	同居親族	同居親族が申告期限まで居住・保有		
	3	生計一親族	生計一親族が申告期限まで居住・保有		
	4	別居親族	3年内家なき子が申告期限まで保有		➡ 改正点3

適用時期

改正点1　平成30年4月1日以後に相続又は遺贈により取得する財産に係る相続税について適用となります。

(2) 小規模宅地等の特例の見直し②（貸付事業用宅地）

増税

改正のポイント

一時的に現金を都内のタワーマンション等の不動産に換え、本特例を適用して相続税負担を軽減する事案などが問題視され、相続開始前3年以内に貸付けを開始した不動産については、特例対象から除外されることとなります。

解説

【問題となったケース】

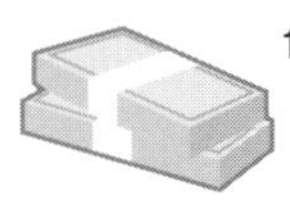

亡くなる数カ月前に
1億円の駐車場を購入

特例の適用で
評価額が4千万円に

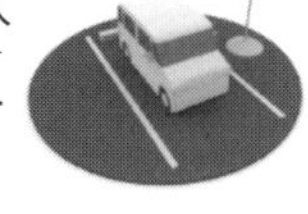

- 時価1億円の200㎡の駐車場を購入
- 路線価評価で8,000万円
- 小規模宅地の特例（貸付事業用）を適用して、
  200㎡まで50%減

相続税評価額
=8,000万円−(8,000万円×50%)
=4,000万円

相続開始直前に現金を駐車場に換えることで、
6,000万円の相続財産が圧縮されることになります。

【貸付事業用宅地の適用要件】

○被相続人等がその土地で貸付事業をしていたこと

○相続人が申告期限まで貸付事業を継続し、宅地を保有していること

○その土地を建物・構築物の敷地の用に供していること

改正点2

○相続開始前3年以内に貸付けを開始した不動産については、特例の対象から除外されます。

○ただし、相続開始前3年を超えて事業的規模で貸付けを行っている者が追加で貸付けを行う場合は、今までどおり特例の対象となります。

適用時期

改正点2

平成30年4月1日以後に相続又は遺贈により取得する財産に係る相続税について適用となります。

適用時期についての詳細は、次のページで解説します。

（2）小規模宅地等の特例の見直し②（貸付事業用宅地）

増税

実務上の留意点

本改正については、事業的規模で貸付けを行っているか否かにより、適用関係が異なります。

事業的規模で貸付けを行っていない者

相続開始前3年以内に貸付けを開始した不動産については、**特例の対象から除外**されます。
ただし、平成30年4月1日を境に、

①平成30年4月1日以後に貸付事業の用に供された宅地等については、特例の適用はありません。

②平成30年3月31日以前から貸付事業の用に供されている宅地等については、従来どおり特例の適用対象となります。

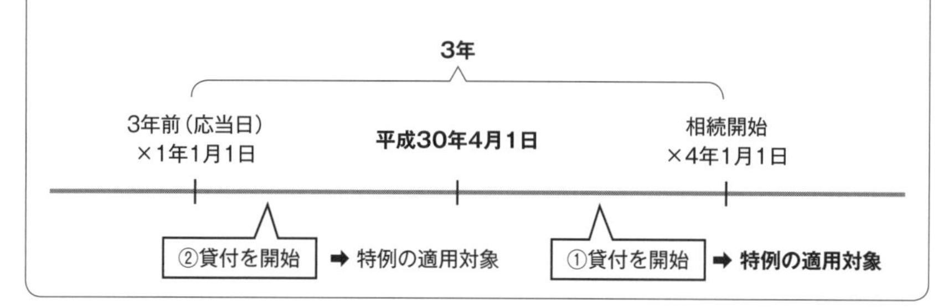

事業的規模で貸付けを行っている者

③相続開始前3年を超えて事業的規模で貸付事業を行っている者が、追加で貸付事業の用に供した宅地等については、従来どおり特例の適用対象となります。

※原則として事業的規模とは
（1）貸間、アパート等については、貸与できる独立した室数が概ね10室以上
（2）独立家屋の貸付けについては、概ね5棟以上
いずれかの要件に該当することをいいます。

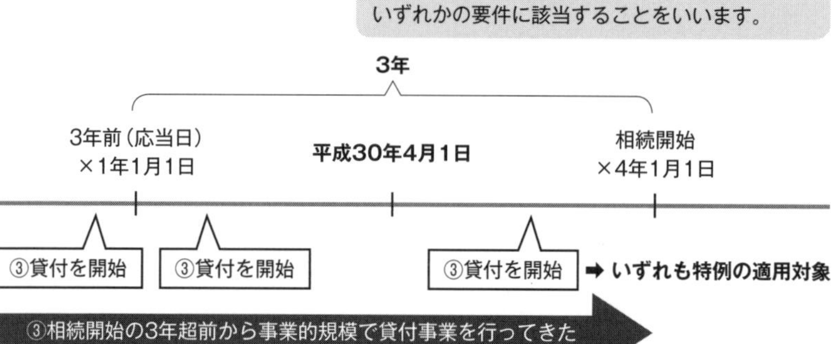

(2) 小規模宅地等の特例の見直し③（3年内家なき子）

増税

改正のポイント

持ち家に居住していない者に係る特定居住用宅地等の特例の対象者の範囲から下記に掲げる者が除外されます。

解説

改正点3　３年内家なき子の要件

改正前	改正後
○被相続人に配偶者および同居法定相続人がいないこと ○相続開始前3年以内に日本国内にあるその人又はその人の配偶者の所有する家屋に居住したことがないこと ○当該宅地を申告期限まで保有していること	左記要件に加え ○相続開始前３年以内に、その者の３親等内の親族またはその者と特別な関係のある法人が有する国内に所在する家屋に居住したことがある者 ○相続開始時において居住の用に供していた家屋を過去に所有していたことがある者

【問題となったケース】

母が亡くなる５年前に持ち家に住んでいた長男が、自宅を長男の子である孫Ａに売却した後、孫Ａから賃借し現在も住んでいる。

・母の自宅の敷地面積は330㎡、路線価評価で8,000万円

・小規模宅地の特例（特定居住用）を適用して、330㎡まで80%減

相続税評価額＝8,000万円－（8,000万円×80%）＝1,600万円

相続開始３年以上前に自宅を親族等に売却し賃借することで、自宅に住み続けながら6,400万円の相続財産が圧縮されることになります。

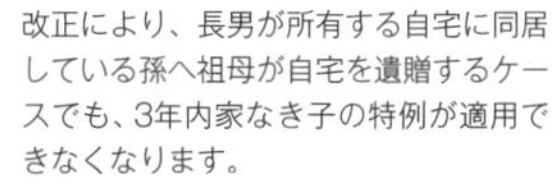
改正により、長男が所有する自宅に同居している孫へ祖母が自宅を遺贈するケースでも、3年内家なき子の特例が適用できなくなります。

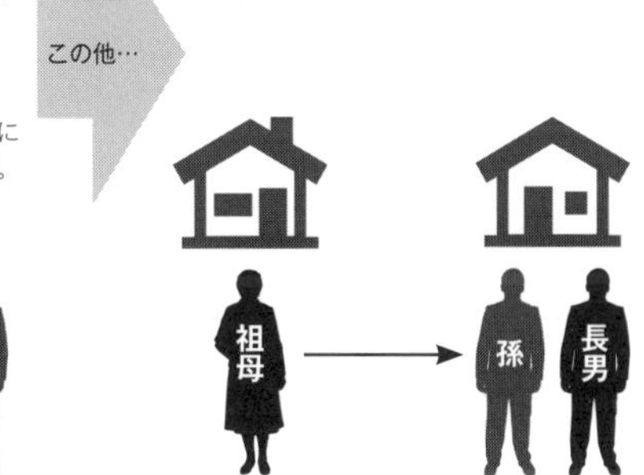

自宅を売却

自宅を賃借

孫A

実務上の留意点

実質的に居住用不動産が別途確保されているとみられる者については、3年内家なき子としての特例を適用することはできなくなります。

適用時期

改正点3　平成30年4月1日以後に相続又は遺贈により取得する財産に係る相続税について適用となります。

(3) 一般社団法人等に関する贈与税等の見直し

改正のポイント

個人から一般社団法人又は一般財団法人に対して贈与等があった場合について、「贈与税等の負担が不当に減少する結果とならないもの」は贈与税（遺贈の場合は相続税）を非課税とするという現行の規定が不明確であるため、規定が明確化されます。

解説

○一般社団法人等に対する贈与等については、非課税要件のいずれかを満たさない場合に贈与税等が課税されることになります。
○一般社団法人等とは、公益社団法人等、非営利型法人等を除いた一般社団法人及び一般財団法人をいいます。

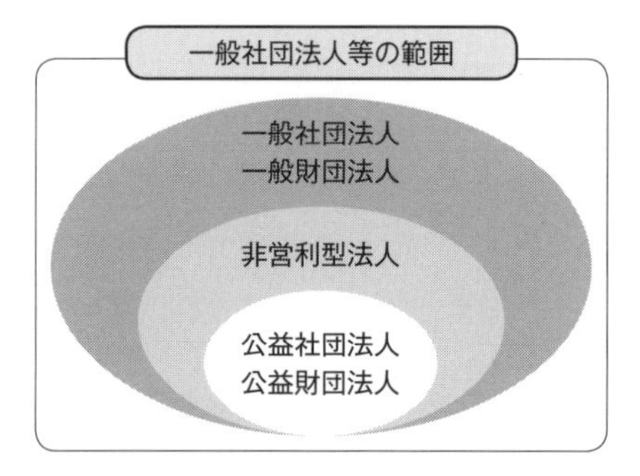

【非課税要件】

○運営組織が適正であること
○同族関係者が役員の３分の1以下であり、定款にその旨定めていること
○特定の者に特別な利益を与えていないこと
○解散した場合の残余財産の帰属は、国等であること等、定款にその旨定めていること

実務上の留意点

適正な運営組織を求められますので内部統制が重要なポイントになります。

適用時期

平成30年4月1日以後に贈与又は遺贈により取得する財産に係る贈与税又は相続税について適用となります。

(4) 特定の一般社団法人等に関する相続税の見直し

増税

改正のポイント

一般社団法人等には会社のような出資持分が存在しません。そのため、個人の財産を一般社団法人等に移転する方法により相続税を回避するという事案などが問題視され、一定の要件を満たした一般社団法人等に対しては相続税が課税されることとなります。

解説

○特定一般社団法人等について、その同族役員（理事に限る）である者（相続開始前５年以内に役員を退任した者を含む）の1人が死亡した場合には、当該法人の純資産額をその死亡の時における同族役員（被相続人を含む）の数で等分した金額を、被相続人からその特定一般社団法人等が遺贈により取得したものとみなして、特定一般社団法人等に相続税が課税されます（個人から法人への贈与時に既に課税された贈与税等は相続税から控除されます）。

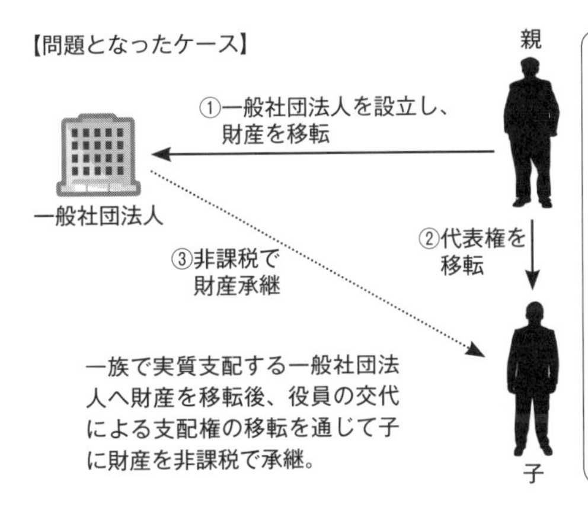

【特定一般社団法人等とは】
下記のいずれかを満たす一般社団法人等
（ア）相続開始直前において、同族役員数が役員数の2分の1を超えること
（イ）相続開始前の5年間において、同族役員数が役員数の2分の1を超える期間の合計が3年以上であること

【同族役員とは】
一般社団法人等の理事のうち下記の者をいう。
・被相続人
・被相続人の配偶者
・３親等内の親族
・被相続人と特殊の関係がある者（被相続人が役員となっている会社の従業員等）

実務上の留意点

改正後も、相続開始直前に同族役員を増員し課税割合を下げる方法などが可能ですが、今後引き続き、更なる規制の見直しが予想されます。

適用時期

平成30年4月1日以後の役員死亡に係る相続税について適用となります。
ただし、平成30年3月31日以前に設立された一般社団法人等については、平成33年4月1日以後の当該一般社団法人等の役員の死亡に係る相続税について適用となり、また、平成30年3月31日以前の期間は上記（イ）の2分の1を超える期間に該当しないものとされます。

(5) 特定の美術品に係る相続税の納税猶予制度の創設

減税

改正のポイント

○文化財保護法の改正を前提に、特定の美術品に係る相続税の納税猶予制度が創設されます。

○個人が一定の美術館と特定美術品の長期寄託契約を締結し、その特定美術品を相続又は遺贈により取得した場合、担保の提供を条件に、その特定美術品に係る課税価格の80%に対応する相続税の納税が猶予されます。

解説

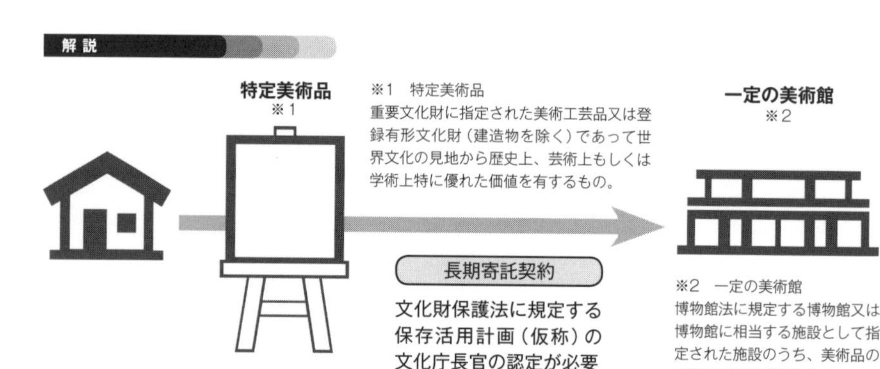

	内容
税額の計算	①　相続税の納税猶予の適用がないものとして通常の計算を行って算出した寄託相続人（※）の相続税額 ②　[（寄託相続人が取得した特定美術品＋寄託相続人以外の相続人の取得財産）に係る相続税額] − [（寄託相続人が取得した特定美術品の課税価格×20%＋寄託相続人以外の相続人の取得財産）に係る相続税額] ＝猶予税額 ③　①−②＝寄託相続人の納付税額 ※寄託相続人…特定美術品を相続又は遺贈により取得した者
納税猶予の免除	①　寄託相続人が死亡した場合 ②　寄託先美術館に対する特定美術品の寄贈又は自然災害による特定美術品の減失
猶予税額の納付	特定美術品の譲渡、特定美術品の滅失・紛失、長期寄託契約が終了した場合、重要文化財の指定解除、寄託先美術館の廃止があった場合等には、猶予税額及び利子税を納付しなければならない
提出書類	寄託相続人は3年毎に継続届出書（寄託先美術館の発行する証明書を添付）を所轄税務署へ提出

(6) 土地の相続登記に対する登録免許税の特例

減税

改正のポイント

○いわゆる所有者不明土地問題の対策として、相続登記が未了の土地の相続登記を促進させるため、登録免許税に特例措置を設けることになります。

解説

①相続により土地を取得した者が所有権の移転登記を受けないで死亡し、その者の**相続人等がその死亡した者を登記名義人とするために受ける所有権の移転登記**に対する**登録免許税が免税**となります。
②市街化区域外の土地で市町村の行政目的のため**相続登記の促進を図る必要があるものとして法務大臣が指定する土地**について、移転登記のときにおける当該土地の価額が**10万円以下**であるときは、当該移転登記に対する**登録免許税が免税**となります。

登録免許税 (相続による所有権の移転登記)	【改正前】	【改正後】
①死亡した者を登記名義人とする移転登記	固定資産税評価額 × 0.4%	**免税**
②指定を受けた10万円以下の土地の移転登記	1,000円 (※)	**免税**

(※) 10万円×0.4%=400円<1,000円 ∴1,000円 (最低1,000円のため)

所有者不明土地……相続登記が未了のまま放置される等の要因により、不動産登記簿等の情報から所有者が直ちに判明しない、又は判明しても所有者に連絡がつかない土地のことをいい、公共事業用地の取得、農地の集約化等の円滑な事業の妨げとなるなどの問題が生じています。こうした土地は、民間有識者による「所有者不明土地問題研究会」の調査結果によると全国の20.3%を占め、面積にすると九州よりも広い約410万haに上るということです。

実務上の留意点

通常の相続登記に関する登録免許税は免税にはなりません。

適用時期

①平成30年4月1日から平成33年3月31日までの間の移転登記に対して適用となります。
②所有者不明土地の利用の円滑化等に関する特別措置法（仮称）の施行日から平成33年3月31日までの間の移転登記に対して適用となります。

(7) 不動産税制の適用期限延長：縮減①

減税

改正のポイント

居住用財産に係る特例・繰越控除の適用期限が2年延長されます。

解説

<特例・繰越控除の延長>

	【改正前】	【改正後】
特定の居住用財産の買換え及び交換の場合の長期譲渡所得の課税の特例	平成29年12月31日	平成31年12月31日
居住用財産の買換え等の場合の譲渡損失の繰越控除等	平成29年12月31日	平成31年12月31日
特定居住用財産の譲渡損失の繰越控除等	平成29年12月31日	平成31年12月31日

<特定の居住用財産の買換え及び交換の場合の長期譲渡所得の課税の特例の縮減>
買い換えるマイホームが、耐火建築物以外の中古住宅（非耐火既存住宅）である場合の要件が追加されました。

【改正前】
一定の耐震基準を満たすこと

【改正後】
改正前の要件に加え、 下記のいずれかの要件を満たすこと 地震に対する一定の安全性基準 又は 取得の日以前25年以内に 建築されたものであること

適用時期

上記の改正は、平成30年1月1日以後に譲渡資産を譲渡し、同年4月1日以後に買換資産を取得する場合に適用されます。

(7) 不動産税制の適用期限延長：縮減②

改正のポイント

不動産に係る各種の特例措置の適用期限が延長されます。

解説

<特例の延長>

	【改正前】	【改正後】
不動産の譲渡に関する契約書等に係る 印紙税の軽減税率	平成30年3月31日	平成32年3月31日
新築住宅に係る 固定資産税額の減額措置	平成30年3月31日	平成32年3月31日
宅地評価土地の取得に係る 不動産取得税の 課税標準を1/2とする特例	平成30年3月31日	平成33年3月31日
住宅及び土地の取得に係る 不動産取得税の 標準税率（本則4%）を3%とする特例	平成30年3月31日	平成33年3月31日
新築住宅特例適用住宅用土地に係る 不動産取得税の減額措置について 経過年数要件を緩和する特例措置	平成30年3月31日	平成32年3月31日

(8)自社株評価の見直し(株式保有特定会社)

改正のポイント

現行制度においては新株予約権付社債について株式保有特定会社判定上の「株式等」には含められないとされておりましたが、改正により「株式等」に含められることとなります。

解説

<株式及び出資の範囲の改正>

【改正前】	【改正後】
「新株予約権付社債」は、株価と連動して価額が形成されるものの、株式保有特定会社の判定基準には含まれない。	**現行の「株式及び出資」の範囲に「新株予約権付社債」を加えて株式保有特定会社の判定基準とする。**

【改正前のイメージ図】

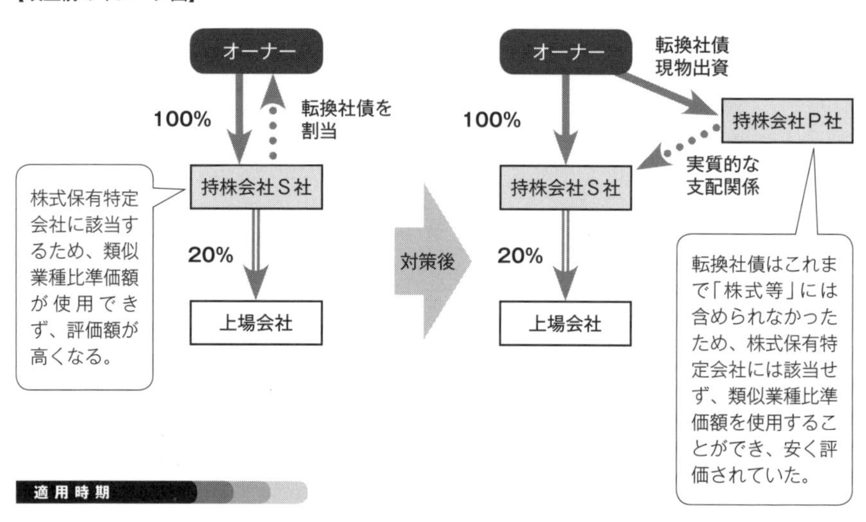

適用時期

平成30年1月1日以後に相続若しくは遺贈又は贈与により取得する財産に係る相続税又は贈与税に適用されます。

昨年度以前の税制改正により平成30年から適用される主な事項

(9) 広大地評価の見直し①

改正のポイント

広大地について、各土地の個性に応じて形状・面積に基づき評価する方法に見直されるとともに、適用要件が明確化されます。

解説

<広大地の相続税評価>

【改正前】	【改正後】
面積に応じて比例的に減額する評価方法 路線価×面積×広大地補正率 広大地補正率 =0.6−0.05×広大地の面積／1,000㎡（下限0.35）	各土地の個性に応じて形状・面積に基づき評価する方法 路線価×面積×**補正率**×**規模格差補正率** **形状を考慮**　**面積を考慮**

広大地とは……面積が概ね1,000㎡以上（三大都市圏では500㎡以上）の宅地で、戸建分譲を行う場合に道路・公園等の負担が必要であることなどを考慮して、改正前では、面積が広くなるほど評価額が減額されることとなっていました。

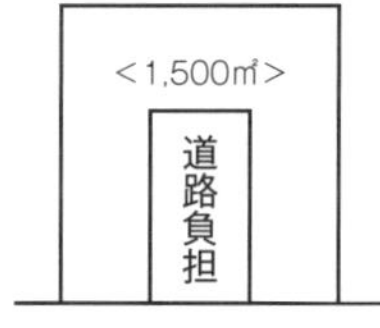

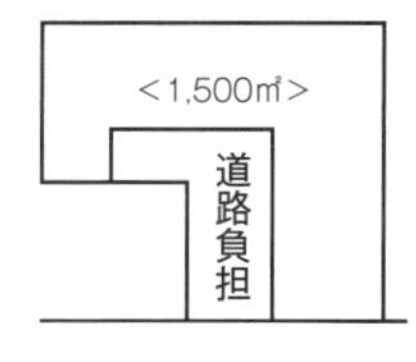

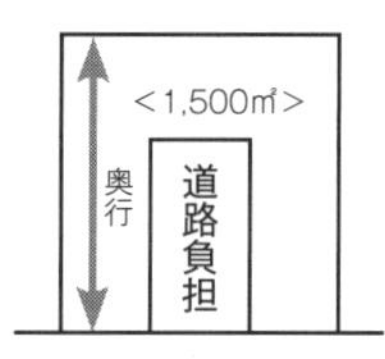

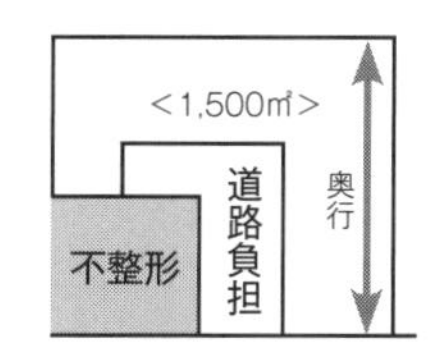

取引価格：	1億円
相続税評価額	：6,000万円

取引価格：	6,500万円
相続税評価額	：6,000万円

面積と**奥行**を加味して評価

面積と**奥行**
及び不整形を
加味して評価

改正前は、上図のように、形状が大きく異なる土地でも面積が同じであれば、相続税評価額も同じとなっていました。

改正後は、実際の取引価格と相続税評価額との乖離の解消が期待されています。

適用時期

平成30年1月1日以後の相続等により取得した財産の評価に適用されます。

昨年度以前の税制改正により平成30年から適用される主な事項

(9) 広大地評価の見直し②

解説

【改正前】
広大地の評価
(財産評価基本通達24-4)

○広大地補正率

算式

$$0.6-0.05\times\frac{\text{地積}}{1,000\text{m}^2}$$

広大地の地積と広大地補正率の関係

広大地の地積	広大地補正率
500㎡	0.575
1,000㎡	0.55
2,000㎡	0.50
3,000㎡	0.45
4,000㎡	0.40
5,000㎡	0.35

算式

路線価×面積×広大地補正率

路線価と面積が同じなら、大きく形の異なる土地でも相続税評価額は同じでした。

【改正後】
地積規模の大きな宅地の評価
(財産評価基本通達20-2)

○規模格差補正率

算式

$$\frac{\text{Ⓐ}\times\text{Ⓑ}+\text{Ⓒ}}{\text{地積規模の大きな宅地の地積Ⓐ}}\times0.8$$

三大都市圏に所在する宅地

(三大都市圏以外の地域に所在する宅地についても財産評価基本通達20-2で定められています)

地域区分 / 記号 / 面積㎡	普通商業・併用住宅地区、普通住宅地区	
	Ⓑ	Ⓒ
500以上1,000未満	0.95	25
1,000以上3,000未満	0.90	75
3,000以上5,000未満	0.85	275
5,000以上	0.80	475

算式

路線価×面積×補正率×規模格差補正率

通常の土地評価の流れの中に規模による減額要素が組み込まれます。

昨年度以前の税制改正により平成30年から適用される主な事項

(9)広大地評価の見直し③

改正のポイント

財産評価基本通達20-2の新設により、評価対象地が地積規模の大きな宅地の評価の適用対象となるかどうかについて、下記のとおり要件が明確化されます。

解説

判定基準	内容
地積規模の大きさ	・三大都市圏においては、500㎡以上の地積であること ・それ以外の地域においては、1,000㎡以上の地積であること
地区区分（※1）	財産評価基本通達14-2≪地区≫の定めにより ・普通商業・併用住宅地区　および ・普通住宅地区 として定められた地域に所在すること
適用除外	・市街化調整区域に所在する宅地 ただし、都市計画法第34条第10号又は第11号の規定に基づき、宅地分譲に係る開発行為を行うことができる区域を除く ・都市計画法第8条≪地域地区≫第1項第1号に規定する工業専用地域に所在する宅地 ・容積率について（※2） 東京都の特別区においては300％以上の地域に所在する宅地 それ以外の地域においては400％以上の地域に所在する宅地

（※1）　評価対象となる宅地の正面路線価が２以上の地区にわたる場合には、当該宅地の過半の属する地区をもって、当該宅地の全部が所在する地区とされます。

（※2）　この容積率は指定容積率を意味しています。評価対象となる宅地が指定容積率の異なる２以上の地域にわたる場合には、建築基準法の考えに基づき、各地域の指定容積率に、その宅地の当該地域内にある各部分の面積の敷地面積に対する割合を乗じて得たものの合計により容積率を判定するものとします。

昨年度以前の税制改正により平成30年から適用される主な事項

(9) 広大地評価の見直し④

解説

○広大地補正率と規模格差補正率の比較　(三大都市圏)

地積	広大地補正率	規模格差補正率	上昇率
500㎡	0.575	0.80	39%
1,000㎡	0.55	0.78	41%
2,000㎡	0.50	0.75	50%
3,000㎡	0.45	0.74	64%
4,000㎡	0.40	0.72	80%
5,000㎡	0.35	0.71	102%

具体的な影響

改正後は、各種補正率が加わるので単純比較はできませんが、整形地であれば一般的に評価額は大きく上昇することが見込まれます。また、地積が大きければ大きいほど、上昇率も高くなる傾向があります。

○羊羹切りの土地
(公共公益的施設の負担のない土地)

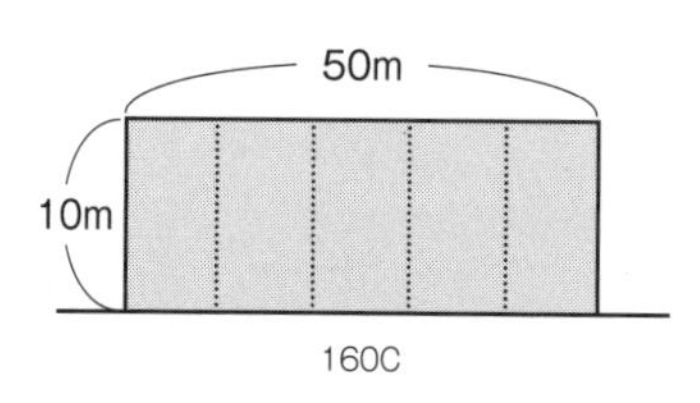

○道路沿いで既にマンション等の開発を了している土地
(既に最有効活用されている土地)

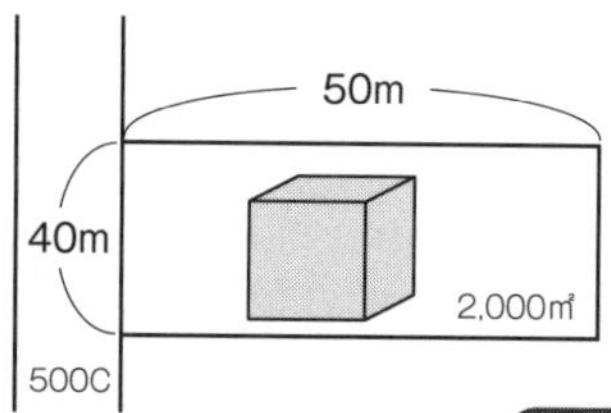

具体的な影響

適用要件が画一化・定量化されたため、これまで広大地評価が検討できなかった左図のような宅地についても、改正後の適用要件を満たせば大きな評価減が見込まれます。

実務上の留意点

○今後、広大な土地をお持ちの方にとって**相続税試算の見直し、遺言の見直しは必須**となります。

○マンション適地、最有効使用の概念がなくなり**活用の自由度が広がった**ので、柔軟な相続対策が見込めます。

昨年度以前の税制改正により平成30年から適用される主な事項

(10) タワーマンションに係る課税の見直し①

改正のポイント

高さ60m超のタワーマンションに係る固定資産税、都市計画税及び不動産取得税が、高層階ほど増税、低層階ほど減税となります（相続税評価額に関する見直しは、現在ありません）。

解説

<改正の背景>　～実際の取引価格の傾向を踏まえた税額に見直されます～

改正前の税額計算上は、タワーマンションにつき、階数にかかわらず床面積が同じであれば税額は同じとなっています。

改正後は、階が違うことによる取引価格の変化の傾向等を踏まえた固定資産税の税額のあん分方法について、見直されることとなります。

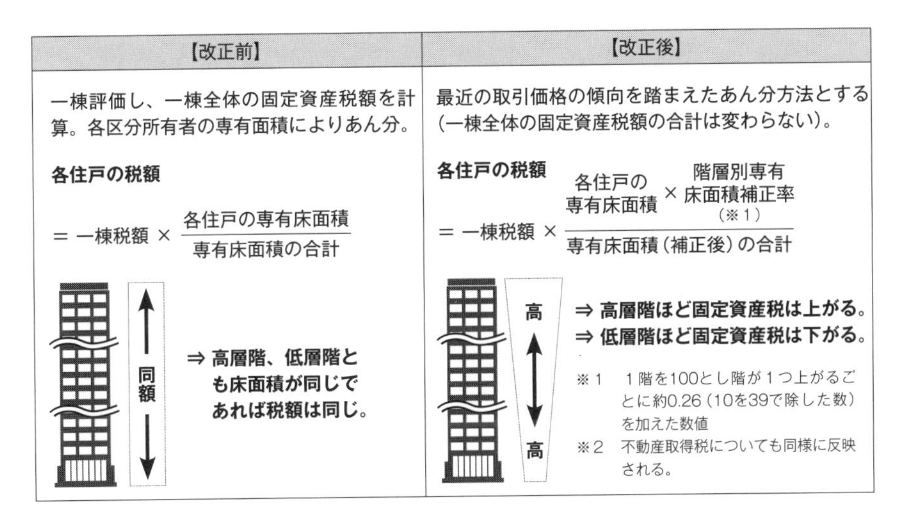

【改正前】	【改正後】
一棟評価し、一棟全体の固定資産税額を計算。各区分所有者の専有面積によりあん分。	最近の取引価格の傾向を踏まえたあん分方法とする（一棟全体の固定資産税額の合計は変わらない）。
各住戸の税額 $= \text{一棟税額} \times \dfrac{\text{各住戸の専有床面積}}{\text{専有床面積の合計}}$	**各住戸の税額** $= \text{一棟税額} \times \dfrac{\text{各住戸の専有床面積} \times \text{階層別専有床面積補正率（※1）}}{\text{専有床面積（補正後）の合計}}$
⇒ **高層階、低層階とも床面積が同じであれば税額は同じ。**	⇒ **高層階ほど固定資産税は上がる。** ⇒ **低層階ほど固定資産税は下がる。** ※1　1階を100とし階が1つ上がるごとに約0.26（10を39で除した数）を加えた数値 ※2　不動産取得税についても同様に反映される。

・居住用以外の専有部分がある場合は、まず全体を床面積により居住用部分と非居住用部分にあん分の上、居住用部分の税額についてのみ補正率を適用します。
・天井の高さ、附帯設備の程度等について著しい差違があれば、差違に応じた別途補正を行います。
・区分所有者全員による申出があった場合には、申し出た割合による固定資産税額のあん分も可能となります。

適用時期

平成30年度から新たに課税されることとなるタワーマンション（平成29年4月1日前に売買契約が締結された住戸を含むものは除く）につき適用されます。

（10）タワーマンションに係る課税の見直し②

解説

＜固定資産税計算の具体例＞

前提条件

- ・40階建ての居住用マンション（高さ60m超）
- ・１棟の固定資産税総額は800万円
- ・各階に１戸ずつ、全て専有床面積、天井高・附帯設備などは同じとする
- ・各戸の専有床面積は100㎡、全体で4,000㎡とし、非居住用部分はないものとする

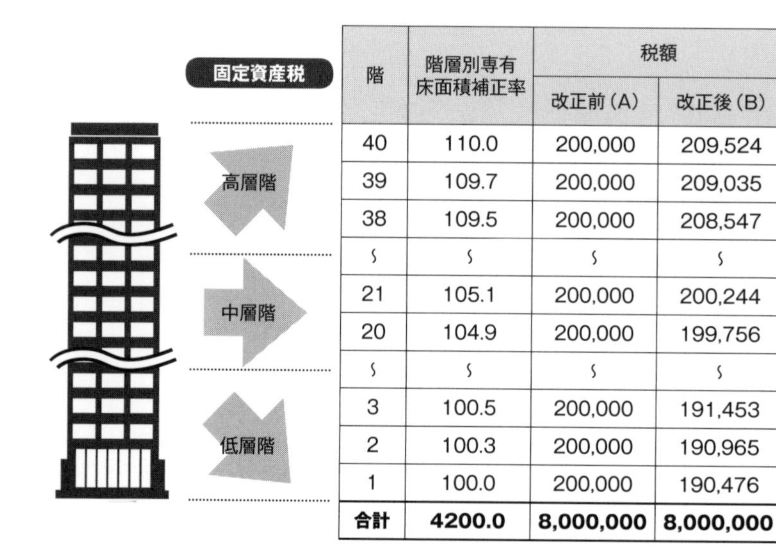

階	階層別専有床面積補正率	税額		(B)－(A)（円）
		改正前（A）	改正後（B）	
40	110.0	200,000	209,524	9,524
39	109.7	200,000	209,035	9,035
38	109.5	200,000	208,547	8,547
〜	〜	〜	〜	〜
21	105.1	200,000	200,244	244
20	104.9	200,000	199,756	▲ 244
〜	〜	〜	〜	〜
3	100.5	200,000	191,453	▲ 8,547
2	100.3	200,000	190,965	▲ 9,035
1	100.0	200,000	190,476	▲ 9,524
合計	**4200.0**	**8,000,000**	**8,000,000**	**0**

＜解説＞

・N階の階層別専有床面積補正率 ＝ 100 ＋ 10／39 ×（N－1）

・40階の税額　$800万円 \times \frac{100㎡ \times 110\%}{4{,}200㎡} \fallingdotseq 209{,}524円$

実務上の留意点

例えば40階建のタワーマンションの場合、最上階の固定資産税は1階の固定資産税と比して1．1倍となります。

4. 個人所得課税

（1） 給与所得控除等の見直し①②③

（2） 公的年金等控除の見直し①②

（3） 基礎控除・配偶者控除・扶養控除の見直し：国税・地方税

（4） 青色申告特別控除（所得税・住民税）

昨年度以前の税制改正により平成30年から適用される主な事項

（5） 配偶者控除の見直し

・配偶者特別控除の見直し

・配偶者控除・配偶者特別控除のイメージ

（6） NISAの利便性の向上に関する措置①②

（1）給与所得控除等の見直し①

増税

改正のポイント

平成26年度税制改正大綱における「控除額を主要国並みに漸次適正化する」との方針に基づき、昨年度に引き続き本年度も給与所得控除の上限の引き下げが行われます。ただし、子育て世帯や介護世帯には負担増が生じないように措置が講じられます。また、特定支出控除についても見直しが行われます。

解説

○控除額が一律10万円引き下げられます。
○給与所得控除の上限額が適用される給与等の収入金額が850万円に、その上限額が195万円に引き下げられます。

【改正前】

給与等の収入金額	給与所得控除額
162.5万円以下	65万円
162.5万円超 180万円以下	収入金額×40%
180万円超 360万円以下	収入金額×30% +18万円
360万円超 660万円以下	収入金額×20% +54万円
660万円超 1,000万円以下	収入金額×10% +120万円
1,000万円超	220万円

【改正後】

給与等の収入金額	給与所得控除額
162.5万円以下	**55万円**
162.5万円超 180万円以下	収入金額×40% **−10万円**
180万円超 360万円以下	収入金額×30% **+8万円**
360万円超 660万円以下	収入金額×20% **+44万円**
660万円超 **850万円**以下	収入金額×10% **+110万円**
850万円超	**195万円**

(1)給与所得控除等の見直し②

増税

具体的な影響は

収入金額が850万円を超えると徐々に控除額が減少し、負担が増加します。

給与等収入	850万円	900万円	950万円	1,000万円
控除減少額	なし	▲5万円	▲10万円	▲15万円
負担増加額	なし	+15,000円	+30,000円	+49,500円

給与等収入	1,500万円	2,000万円	2,500万円	3,000万円
控除減少額	▲15万円	▲15万円	▲15万円	▲63万円
負担増加額	+64,500円	+64,500円	+75,000円	+310,000円

実務上の留意点

23歳未満の扶養親族が同一生計内にいる者や特別障害者控除の対象となる扶養親族等が同一生計内にいる者については、負担の増減はありません(次ページをご参照下さい)。

適用時期

所得税については平成32年1月1日以後、個人住民税については平成33年1月1日以後から適用されます。

特定支出の見直し

特定支出の範囲について、以下のとおり追加・撤廃が行われます。

①「職務の遂行に直接必要な旅費等で通常必要と認められるもの」が追加されます。

②単身赴任者の帰宅旅費の回数制限(月4回)が撤廃されます。

③帰宅旅費に「帰宅のために通常要する自動車を使用することにより支出する燃料費及び有料道路の料金の額」が追加されます。

(1)給与所得控除等の見直し③

増税

所得金額調整控除

給与等収入金額が850万円を超える者で、**23歳未満の扶養親族が同一生計内にいる者**や**特別障害者控除の対象となる扶養親族等が同一生計内にいる者**については、次の算式により計算された金額が給与所得から控除され、負担の増減が無いよう措置が講じられます。

<算式>
[給与等収入金額(1,000万円を超える場合には1,000万円)−850万円]×10%

具体的には次の表のとおりとなります。

給与等収入	850万円	900万円	1,000万円	3,000万円
給与所得控除額	▲10万円	▲15万円	▲25万円	▲25万円
基礎控除額	+10万円	+10万円	+10万円	▲38万円
調整控除額	なし	**+5万円**	**+15万円**	**+15万円**
負担増加額	なし	なし	なし	+23.5万円

給与所得と公的年金等の雑所得の両方ある方については基礎控除を加味しても増税となるため、両方の合計所得金額が10万円を超える場合は給与所得から10万円を控除する措置が取られています。

(2) 公的年金等控除の見直し①

増税

改正のポイント

①公的年金等控除額が一律10万円引き下げられます。
②公的年金等の収入金額が1,000万円超である場合、195万5千円が控除額の上限となります。
③公的年金等に係る雑所得以外の所得に係る合計所得金額が1,000万円超2,000万円以下である場合、上記①及び②の見直し後の控除額から更に一律10万円引き下げられます(合計20万円引き下げられます)。
④公的年金等に係る雑所得以外の所得に係る合計所得金額が2,000万円超である場合、上記①及び②の見直し後の控除額から更に一律20万円引き下げられます(合計30万円引き下げられます)。

解説

公的年金等に係る雑所得＝(A)－(B)

公的年金等に係る雑所得以外の所得に係る合計所得金額が1000万円以下である場合

公的年金等の収入金額(A)	公的年金等控除額(B)
130万円未満(65歳未満)	60万円
330万円未満(65歳以上)	110万円
130万円以上410万円未満(65歳未満)	A×25%+27.5万円
330万円以上410万円未満(65歳以上)	A×25%+27.5万円
410万円以上770万円未満	A×15%+68.5万円
770万円以上1000万円以下	A×5%+145.5万円
1000万円超	195.5万円

実務上の留意点

公的年金等控除額が一律10万円引き下げられますが、基礎控除の額が10万円引き上げられるため、公的年金等の収入金額が1,000万円以下である場合かつ公的年金等に係る雑所得以外の所得に係る合計所得金額が1,000万円以下である場合には税負担に変更はありません。

適用時期

平成32年分以後の所得税及び平成33年度分以後の個人住民税について適用されます。

(2) 公的年金等控除の見直し②

増税

解説

○公的年金等に係る雑所得以外の所得に係る合計所得金額が
1000万円を超え2000万円以下である場合

公的年金等の収入金額（A）	公的年金等控除額（B）
130万円未満（65歳未満）	50万円
330万円未満（65歳以上）	100万円
130万円以上410万円未満（65歳未満）	A×25%+17.5万円
330万円以上410万円未満（65歳以上）	A×25%+17.5万円
410万円以上770万円未満	A×15%+58.5万円
770万円以上1000万円以下	A×5%+135.5万円
1000万円超	185.5万円

○公的年金等に係る雑所得以外の所得に係る合計所得金額が2000万円を超える場合

公的年金等の収入金額（A）	公的年金等控除額（B）
130万円未満（65歳未満）	40万円
330万円未満（65歳以上）	90万円
130万円以上410万円未満（65歳未満）	A×25%+7.5万円
330万円以上410万円未満（65歳以上）	A×25%+7.5万円
410万円以上770万円未満	A×15%+48.5万円
770万円以上1000万円以下	A×5%+125.5万円
1000万円超	175.5万円

(3) 基礎控除・配偶者控除・扶養控除の見直し（国税）

増税 減税

改正のポイント

多様な働き方を後押しするため、給与所得控除等から基礎控除への振り替えにより、基礎控除額が一律10万円引き上げられます。
ただし、合計所得金額が2,400万円を超える方は、基礎控除額を徐々に減らし、最終的には消失する仕組みが作られます。
また、配偶者控除や扶養控除の判定要件となる合計所得金額の見直しも行われます。

解説

[基礎控除の見直しイメージ]

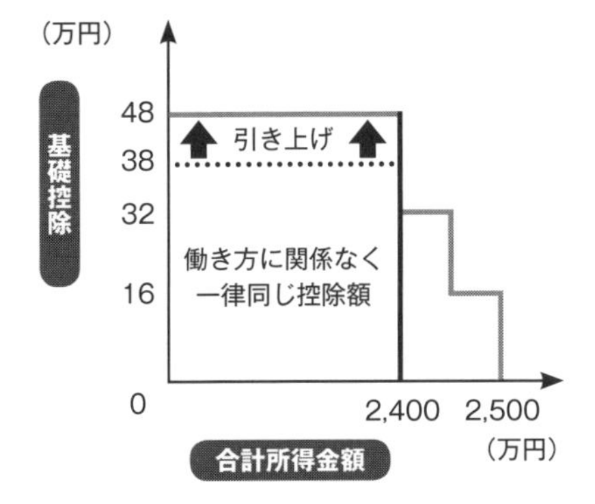

給与所得控除等から基礎控除への振り替えが行われることで…

・高所得の会社員
（全体の4% 約230万人）
・高額副収入のある年金受給者
（全体の0.5% 約20万人）
→ 増税

・フリーランス
・自営業者
→ 減税

配偶者控除・扶養控除の見直し（合計所得金額要件）

	改正前	改正後
同一生計配偶者及び扶養親族	38万円以下	48万円以下
源泉控除対象配偶者	85万円以下	95万円以下
配偶者特別控除の対象となる配偶者	38万円超 123万円以下	48万円超 133万円以下

実務上の留意点

基礎控除額は引き上がるが、給与所得控除額及び公的年金等控除額が10万円引き下げられます。
子育て・介護世帯には負担増が生じないように、所得控除額の手当てが行われます。

適用時期

平成32年分以後の所得税から適用されます。

(3) 基礎控除・配偶者控除・扶養控除の見直し（地方税）

増税 減税

改正のポイント

多様な働き方を後押しするため、給与所得控除等から基礎控除への振り替えにより、基礎控除額が一律10万円引き上げられます。
ただし、合計所得金額が2,400万円を超える方は、基礎控除額を徐々に減らし、最終的には消失する仕組みが作られます。
また、配偶者控除や扶養控除の判定要件となる合計所得金額の見直しも行われます。

解説

[基礎控除の見直しイメージ]

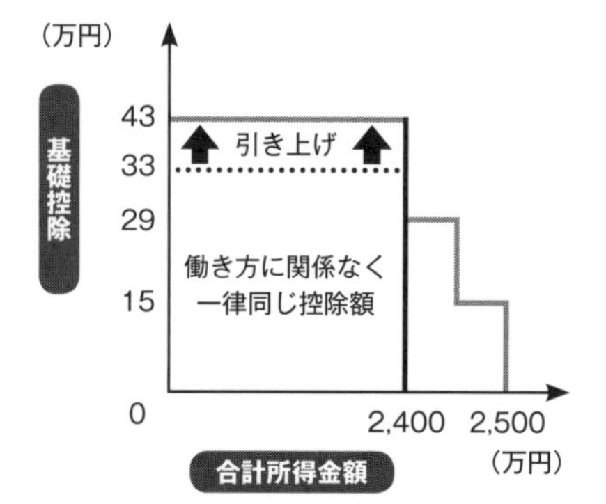

給与所得控除等から基礎控除への振り替えが行われることで…

- ・高所得の会社員
（全体の4% 約230万人）
- ・高額副収入のある年金受給者
（全体の0.5% 約20万人）

増税

- ・フリーランス
- ・自営業者

減税

配偶者控除・扶養控除の見直し（合計所得金額要件）

	改正前	改正後
同一生計配偶者及び扶養親族	38万円以下	48万円以下
配偶者特別控除の対象となる配偶者	38万円超 123万円以下	48万円超 133万円以下

実務上の留意点

基礎控除額は引き上がるが、給与所得控除額及び公的年金等控除額が10万円引き下げられます。
子育て・介護世帯には負担増が生じないように、所得控除額の手当てが行われます。

適用時期

平成33年度分以後の個人住民税から適用されます。

(4) 青色申告特別控除（所得税・住民税）

改正のポイント

○青色申告特別控除額65万円を受けるための要件が厳しくなります。
○取引を正規の簿記の原則（一般的には複式簿記）にしたがって記録している者に係る青色申告特別控除の控除額を55万円（現行65万円）に引き下げることとされます。

解説

要件	【改正前】	【改正後】
取引を正規の簿記の原則にしたがって記録している者	65万円	**55万円**
取引を正規の簿記の原則にしたがって記録している者 ＋ **その年分の事業にかかる帳簿等について電子帳簿保存法に定めるところにより電磁的記録の備付け及び保存を行っている者（注）**	65万円	65万円
取引を正規の簿記の原則にしたがって記録している者 ＋ **その年分の所得税の確定申告書等の提出を、その提出期限までにe-Taxを使用して行っている者**	65万円	65万円

（注）平成32年においては、年の中途から電子帳簿保存法による承認を受けてその年分の帳簿等の電磁的記録の備付け及び保存を行っているときも、同年分の65万円の青色申告特別控除の適用における要件を満たすこととされます。

適用時期

平成32年分以後の所得税及び平成33年度分以後の個人住民税より適用となります。

昨年度以前の税制改正により平成30年から適用される主な事項

(5) 配偶者控除の見直し

増税

改正のポイント

控除対象配偶者又は老人控除対象配偶者を有する居住者は、その居住者本人の合計所得金額が900万円を超えると配偶者控除の金額が段階的に減少するようになります。

解説

【控除対象配偶者】(配偶者の合計所得金額が38万円以下)

居住者の合計所得金額	配偶者控除の金額	
	【改正前】	【改正後】
900万円以下	38万円(33)	38万円(33)
900万円超950万円以下		26万円(22)
950万円超1,000万円以下		13万円(11)
1,000万円超		―

【老人控除対象配偶者(その年12月31日の年齢が70歳以上の配偶者)】
(配偶者の合計所得金額が38万円以下)

居住者の合計所得金額	配偶者控除の金額	
	【改正前】	【改正後】
900万円以下	48万円(38)	48万円(38)
900万円超950万円以下		32万円(26)
950万円超1,000万円以下		16万円(13)
1,000万円超		―

(注1) 改正後は居住者の合計所得金額が1,000万円を超える場合には配偶者控除の適用はありません。
(注2) 表のカッコ内の金額は住民税の控除税額です(単位:万円)。

適用時期

所得税は平成30年分以後から、住民税は平成31年度分以後から適用されます。

昨年度以前の税制改正により平成30年から適用される主な事項

(5) 配偶者特別控除の見直し

増税 減税

改正のポイント

配偶者特別控除の適用対象となる配偶者の合計所得金額が、現行の38万円超76万円未満から38万円超123万円以下に引き上げられます。

解説

【改正前】

配偶者の合計所得金額	配偶者特別控除の控除税額
38万円超 40万円未満	38万円 (33)
40万円以上 45万円未満	36万円 (33)
45万円以上 50万円未満	31万円 (31)
50万円以上 55万円未満	26万円 (26)
55万円以上 60万円未満	21万円 (21)
60万円以上 65万円未満	16万円 (16)
65万円以上 70万円未満	11万円 (11)
70万円以上 75万円未満	6万円(6)
75万円以上 76万円未満	3万円(3)

【改正後】

配偶者の合計所得金額	控除を受ける者の合計所得金額及び控除税額		
	900万円以下	900万円超 950万円以下	950万円超 1000万円以下
38万円超 85万円以下	38万円(33)	26万円(22)	13万円(11)
85万円超 90万円以下	36万円(33)	24万円(22)	12万円(11)
90万円超 95万円以下	31万円(31)	21万円(21)	11万円(11)
95万円超 100万円以下	26万円(26)	18万円(18)	9万円(9)
100万円超 105万円以下	21万円(21)	14万円(14)	7万円(7)
105万円超 110万円以下	16万円(16)	11万円(11)	6万円(6)
110万円超 115万円以下	11万円(11)	8万円(8)	4万円(4)
115万円超 120万円以下	6万円(6)	4万円(4)	2万円(2)
120万円超 123万円以下	3万円(3)	2万円(2)	1万円(1)

(注1) 現行と同様、居住者の合計所得金額が1,000万円を超える場合には配偶者特別控除の適用はありません。
(注2) 表のカッコ内の金額は住民税の控除税額です(単位:万円)。

適用時期

所得税は平成30年分以後から、住民税は平成31年度分以後から適用されます。

昨年度以前の税制改正により平成30年から適用される主な事項

(5)配偶者控除・配偶者特別控除のイメージ

増税 減税

解説

【控除を受ける者の合計所得金額が900万円以下のケース】

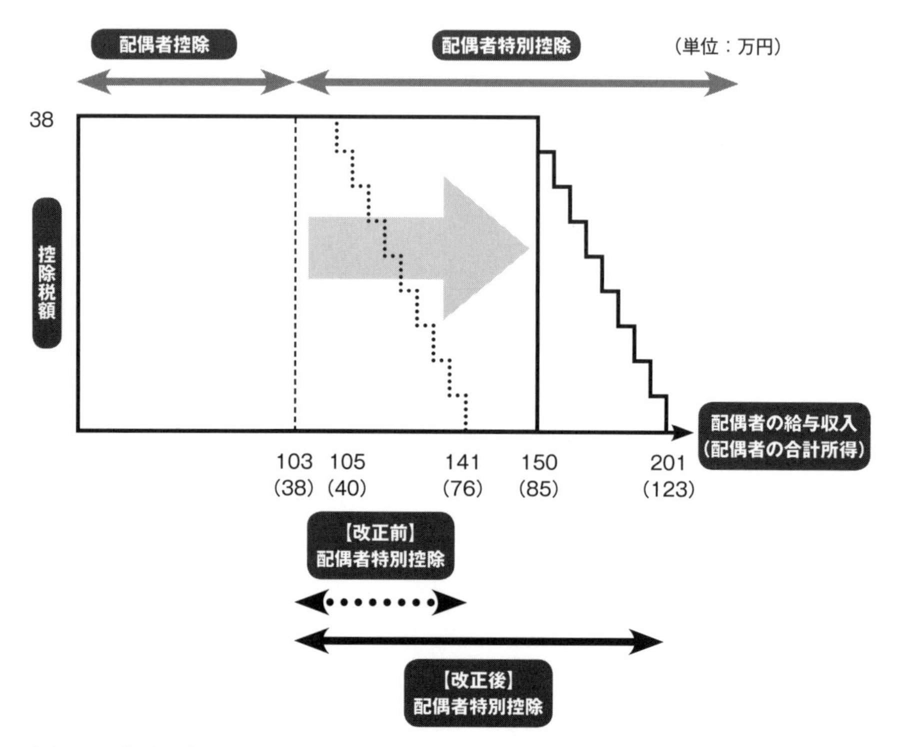

【チェックポイント】

・配偶者控除及び配偶者特別控除の満額控除（38万円）が適用される配偶者の給与収入が改正前の105万円未満から、改正後は150万円以下になります。

・配偶者の給与年収が201万円（合計所得金額が123万円）を超える場合には、控除を受ける者の合計所得金額に関わらず一切控除を受けることができなくなります。

(6) NISAの利便性の向上に関する措置①

改正のポイント

NISA口座の開設手続の見直しが行われます。2014年のNISA（少額投資非課税制度）開始以降口座開設数は増加している一方で、税務署での二重口座の確認手続等に時間がかかり、口座開設の際に即時に買い付けができない結果、口座開設以降一度も買い付けが行われていない口座が相当数にのぼることが問題視されていました。

解説

○ NISA口座を即日で開設し、同日に買い付けることが可能となります。
・ 税務署による二重口座の確認前にNISA口座を開設できる非課税口座簡易開設届出の仕組みを創設
・ 仮に二重口座であった場合には、金融機関はNISA口座で買い付けていた商品を開設当初に遡及して一般口座へ移管する

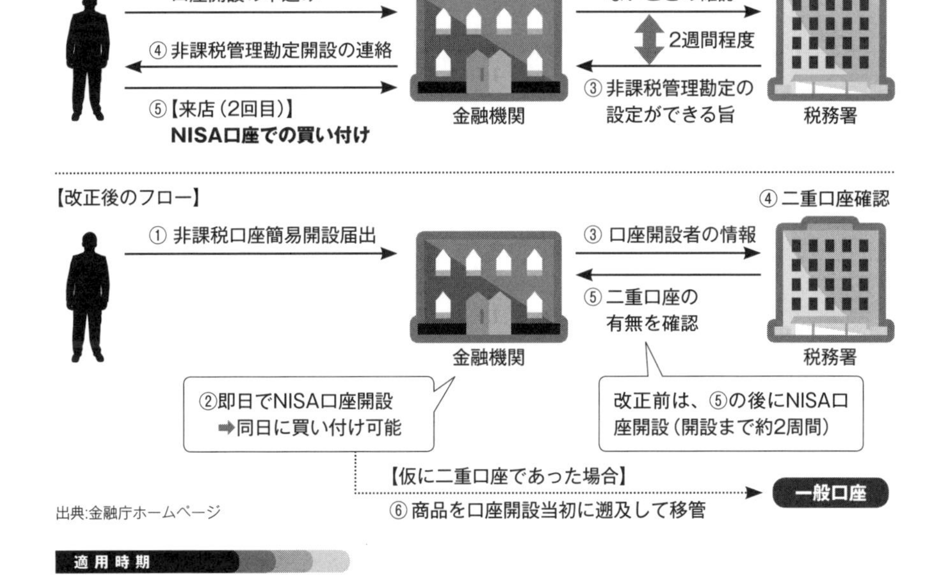

出典:金融庁ホームページ

適用時期

平成31年1月1日以後に非課税口座簡易開設届出書が提出される場合について適用する。

（6）NISAの利便性の向上に関する措置②

改正のポイント

NISAにおける非課税期間終了時の対応が変更となります。一般NISAの場合、投資後5年間の非課税期間が終了した後、引き続き非課税枠を使って投資を行うことができますが、これを希望しない場合は、保有商品は課税口座へ移管されます。課税口座には一般口座と特定口座がありますが、改正前では、特に意思表示をしない限り、個人投資家自ら確定申告する必要がある一般口座へと移管され、いったん一般口座に入れた商品を特定口座へ移管することはできないことから、個人投資家の利便性の向上が課題となっていました。

解説

非課税口座内上場株式等は、非課税期間終了の日（NISA・ジュニアNISAの場合は5年、つみたてNISAの場合は20年を経過した日）に非課税口座が開設されている金融機関等に開設されている特定口座がある場合には、原則として当該特定口座に移管されることとなります（別途届出により、一般口座に移管することも可能）。

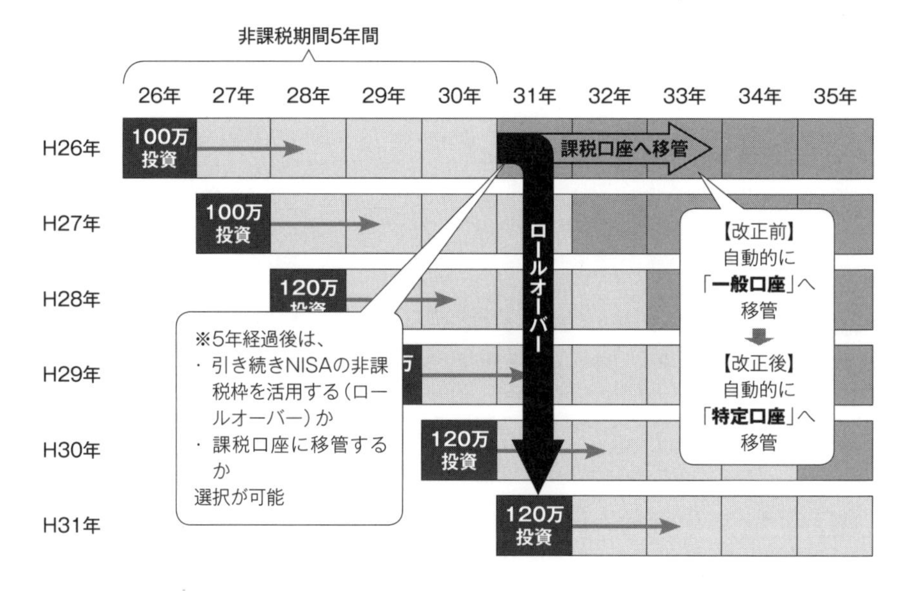

出典:金融庁ホームページ

5. その他の税制

(1) 国際観光旅客税の創設

(2) たばこ税の見直し①②

(1) 国際観光旅客税の創設

増税

改正のポイント

観光基盤の拡充・強化を図る観点から、観光促進のための税として、国際観光旅客税(仮称)が創設されます。
国税としては27年ぶりの新税の導入であり、国際観光旅客等から1人当たり出国につき1回1,000円が徴収されます。

解説

	制度の内容
納税義務者	国際観光旅客等(本邦から出国する観光旅客その他の者等で、船舶又は航空機の乗員等を除く)
非課税	・航空機により入国後24時間以内に出国する乗継旅客 ・天候その他の理由により本邦に寄港した国際船舶等に乗船等していた者 ・2歳未満の者
税率	出国1回につき1,000円
徴収・納付	・国際運送事業を営む者による特別徴収等で、翌々月末日までに納付 ・国際観光旅客等による納付又は税関長を通じて納付
届出	国際運送事業を開始(廃止)しようとする者は、その旨を税務署長又は税関長に届け出なければならない

実務上の留意点

日本から出国する外国人旅行者の他、海外旅行等で出国する日本人も課税の対象となります。

適用時期

平成31年1月7日以後の出国により適用されます。

(2) たばこ税の見直し①

増税

改正のポイント

**財政物資としてのたばこの基本的性格や諸外国における税負担水準を考慮し、たばこ税の税率が引き上げられます。
たばこ税の税率の引き上げは、消費者やたばこ関係事業者の激変緩和等の観点や予見可能性への配慮から、段階的に実施されます。
また、近年市場が急拡大している加熱式たばこについては、税額を紙巻たばこに近づける新課税方式に移行されます。**

解説

①たばこ税の税率の引き上げ

【改正前】（1,000本あたり）			【改正後】（1,000本あたり） 第一段階	第二段階	第三段階
国のたばこ税		5,302円	5,802円	6,302円	6,802円
地方のたばこ税		6,122円	6,622円	7,122円	7,622円
	道府県たばこ税	860円	930円	1,000円	1,070円
	市町村たばこ税	5,262円	5,692円	6,122円	6,552円
合計		11,424円	12,424円	13,424円	14,424円

※上記の他、「たばこ特別税」が課税されます。

実務上の留意点

1本あたり3円（1箱当たり60円）の増税となり、1箱当たりのたばこ税額が欧米の平均的な水準となる見込みです。

適用時期

第一段階：平成30年10月1日、第二段階：平成32年10月1日、第三段階：平成33年10月1日に段階的に実施されます。

(2) たばこ税の見直し②

増税

解説

②加熱式たばこの課税方式の見直し

(1) 課税区分の新設
たばこ税法及び地方税法上の喫煙用の製造たばこの区分として、「加熱式たばこ」の区分を設けることになります。
課税標準は (2) の方法により換算した紙巻たばこの本数となります。

(2) 紙巻たばこの本数への換算方法の見直し

【改正前】
現行の換算本数×1.0 (1g=1本)

【改正後】	
第一段階 (平成30年10月1日)	現行の換算本数×0.8 +新換算本数×0.2
第二段階 (平成31年10月1日)	現行の換算本数×0.6 +新換算本数×0.4
第三段階 (平成32年10月1日)	現行の換算本数×0.4 +新換算本数×0.6
第四段階 (平成33年10月1日)	現行の換算本数×0.2 +新換算本数×0.8
第五段階 (平成34年10月1日)	新換算本数×1.0

※新換算本数(加熱式たばこ1箱の紙巻たばこの本数への換算方法)

$$\frac{\text{加熱式たばこ1箱あたりの葉たばこ・溶液の重量}}{0.4\text{g}} \times 0.5 + \frac{\text{加熱式たばこ1箱あたりの小売価格}}{\text{紙巻たばこ1本当たりの平均価格}} \times 0.5$$

実務上の留意点

今回の見直しにより、5年間で紙巻たばこの7割から9割程度の税額になることが見込まれます。

適用時期

(1) は平成30年10月1日より、(2) は上記日程で段階的に実施されます。

本資料は財務省「平成30年度税制改正の大綱（平成29年12月22日閣議決定）」、財務省主税局「参考資料」、経済産業省資料、厚生労働省資料、金融庁資料、農林水産省資料、総務省資料、自由民主党税制調査会資料、日本経済新聞、週刊T&Amaster、週刊税務通信、その他の資料に基づき作成しております。

また内容につきましては、情報の提供を目的として、想定される一般的な法律・税務上の取り扱いを記載しております。このため、諸条件により本資料の内容とは異なる取り扱いがなされる場合がありますので、ご留意ください。

実行にあたっては、税理士・弁護士等と十分にご相談のうえ、ご自身の責任においてご判断くださいますようお願い申し上げます。

[編著者プロフィール]

辻・本郷 税理士法人 審理室

2002年４月設立、東京新宿に本部を置き、日本国内に64拠点、海外に7拠点、スタッフ総勢1600名、顧問先12000社の国内最大規模を誇る税理士法人に設置された税務のプロフェッショナル集団。

各専門分野のスペシャリストである国税出身OB税理士が正確かつスピーディーに、毎年5000件もの税務相談に対応している。

辻・本郷 税理士法人

〒160-0022

東京都新宿区新宿4丁目1番6号

JR新宿ミライナタワー28階

電話　03-5323-3301（代）

FAX　03-5323-3302

URL　http://www.ht-tax.or.jp/

[執筆者略歴]

八重樫 巧　審理室長

早稲田大学政治経済学部卒業。東京国税局で、資料調査課、調査部、査察部で法人税調査に従事した。管内の税務署では、特別調査情報官として局間連携事案の企画・調査、国際調査情報官として海外事案調査に従事した。平成19年税理士登録後、辻・本郷税理士法人で審理事務に従事している。

安積 健

平成2年早稲田大学政治経済学部卒業。平成8年本郷会計事務所（現 辻・本郷 税理士法人）入所。平成15年税理士登録。現在は部長として、税務署に提出する法人税の申告書等の審査に従事しているとともに、セミナーの講師や原稿の執筆等も行っている。

渡邉 勲

大蔵省（現財務省）主税局の国際租税課で、租税条約やタックスヘイブン対策税制等に係る国際課税の企画立案に従事し、その後東京国税局の調査部では、特官、統括官として外国法人等の調査に従事した。税務大学校の研究部主任教授、訟務官、税務署長を経て、平成26年9月税理士登録。

新井 宏

関東信越国税局で資産税課長や、税務署長を歴任し、数多くのセミナーで講師として活躍する傍ら、辻・本郷税理士法人の顧問として所員の指導に当たっている。

片 ユカ

昭和62年東京国税局採用後、芝、千葉東、日本橋税務署等の資産課税部門で、相続税調査や路線価評価作成等を担当し、平成29年に退職後税理士登録、平成30年から辻・本郷税理士法人審理室勤務。

辻・本郷審理室 ダイレクトアシスト
平成30年度税制改正要点解説

2018年7月25日 初版第1刷発行

編　著　　辻・本郷 税理士法人 審理室
発行者　　鏡渕　敬
発行所　　株式会社 東峰書房
〒150-0002　東京都渋谷区渋谷3-15-2
電話　03-3261-3136　FAX　03-6682-5979
http://tohoshobo.info/
装幀・デザイン　小谷中一愛
印刷・製本　株式会社 シナノパブリッシングプレス

ISBN978-4-88592-191-9　C0034
Printed in Japan